油气管道行业安全生产
责任体系建设和实践指南

赵赏鑫 张文新 付明福 吴世勤 等编著

石油工业出版社

内 容 提 要

本书简要介绍了安全生产责任体系的理论基础、基本概念、发展历程；重点介绍了油气管道行业安全生产责任体系架构及建设流程；同时介绍了国家管网集团在安全生产责任体系建立方面的优秀实践经验。是一本适用于油气管道行业企业安全生产责任体系构建的工具书。

本书可供油气储运、安全工程等专业相关技术人员、管理人员及石油高等院校相关专业师生参考使用。

图书在版编目（CIP）数据

油气管道行业安全生产责任体系建设和实践指南 / 赵赏鑫等编著. -- 北京：石油工业出版社，2024.9.
ISBN 978-7-5183-6913-3

Ⅰ.F426.22-62

中国国家版本馆 CIP 数据核字第 2024S8S65 号

出版发行：石油工业出版社
（北京安定门外安华里 2 区 1 号楼　100011）
网　　址：www.petropub.com
编辑部：（010）64523736
图书营销中心：（010）64523633
经　　销：全国新华书店
印　　刷：北京中石油彩色印刷有限责任公司

2024 年 9 月第 1 版　2024 年 9 月第 1 次印刷
787 毫米×1092 毫米　开本：1/16　印张：10.75
字数：270 千字

定价：60.00 元
（如出现印装质量问题，我社图书营销中心负责调换）
版权所有，翻印必究

《油气管道行业安全生产责任体系建设和实践指南》编委会

主　编：赵赏鑫　张文新

副主编：付明福　吴世勤

成　员：顾建栋　贾延刚　屈　静　王朝璋　冯　彦
　　　　龚晓凤　丁俊刚　武　泽　张　杰　谭　兴
　　　　李　斌　罗　潇　刘恒宇　陈文贤　樊永君
　　　　尧宗伟　毛　超　刘宇超　师文静　李　波
　　　　洪　娜　赵　爽　杨培风　刘永奇　陶　冲
　　　　张　媛

前 言

安全生产是保护劳动者的安全、健康和国家财产，促进社会生产力发展的基本保证，也是企业赖以生存的根本。安全生产事关人民福祉，也事关经济社会发展大局。

党的十八大以来，党中央高度重视安全生产工作，多次对安全生产工作作出重要指示，深刻论述安全生产红线、安全发展战略、安全生产责任体系等重大安全理论和实践问题，把安全生产作为民生大事纳入全面建成小康社会的重要内容之中，始终坚持把人民生命安全放在首位。2021年6月10日第十三届全国人大常委会第二十九次会议审议通过了《全国人民代表大会常务委员会关于修改〈中华人民共和国安全生产法〉的决定》，首次明确将安全生产责任体系的建立纳入安全生产法之中，明确"建立健全并落实全员安全生产责任制"是企业主要负责人七项法定职责之一。2022年4月国务院安全生产委员会制定进一步强化安全生产责任落实、坚决防范遏制重特大事故的十五条措施，三分之一以上内容突出责任落实，进一步强化政府的领导责任、部门的监管责任、企业的主体责任，特别是企业主要负责人的责任及追责问责，在社会上引起了巨大反响。

目前，各级政府、企业乃至全社会都采取各种措施来推动安全生产工作落实，取得了不错的成效。但我国的安全生产形势依然严峻，重特大生产安全事故仍时有发生。其深层原因为企业安全生产主体责任不清晰、责任不落实、安全生产责任体系建立缺失等。政府、监管部门及企业等在安全生产工作上的权限不明、责任交错，是导致事故一次次重演的根本原因。因此，如何正确理解企业在安全生产中应尽的责任和义务，深刻认识和理解企业是安全生产的责任主体，构建有效的企业安全生产责任体系是安全生产工作面临的一项重要课题。

近年来，国家管网集团西部管道公司大力推行安全生产责任体系建设工作，自上而下构建起一套以"一岗一清单"为核心，"一岗一培训"为抓手，"一岗一考核"为监督的"三个一"安全生产主体责任落实的有效机制，在油气管道行业起到了标杆作用。为进一步提高西部管道公司的安全生产责任体系建设效率，落实各项安全防护措施，遏制和防范重特大事故的发生，全力确保安全生产形势平稳有序，切实保障人民群众的生命和财产安全，编委会认真梳理了我国安全生产责任体系发展脉络，总结了国家管网集团及西部管道公司先进实践经验，编撰了本书。

本书力求全面覆盖安全生产责任体系建设和实践的所有环节，从安全生产责任体系的理论基础、基本概念、发展历程、建设流程等方面进一步推动企业重新理解安全生产责任体系架构，理顺安全生产工作的接口和界面，促进各单位安全生产工作的有效开展。同时，对国家石油天然气管网集团有限公司在安全生产责任体系建立方面的优秀实践经验进行了分享，有助于推动各企业安全生产责任体系建设实施。

  本书是与安全生产责任体系建设和实践相关的工具书，适用于油气管道行业企业安全生产责任体系的创建，贯穿安全检查工作的全过程，可为相关部门和企业提供理论和参考依据，从而保证企业安全生产的平稳运行。

  本书在编写过程中，得到了国家石油天然气管网集团有限公司安全环保部领导的大力支持和帮助，在此表达衷心感谢。由于时间仓促，加之编委会成员经验能力有限，本书可能还有不完善、不准确的地方，敬请各位同行、读者批评指正。

2024 年 5 月

目 录

第一章 安全生产责任体系理论基础与背景 ... 1
- 第一节 安全与安全生产基本概念 ... 1
- 第二节 安全生产责任体系基本概念 ... 4
- 第三节 建立安全生产责任体系的意义 ... 7
- 第四节 与安全生产责任相关安全理论 ... 11

第二章 安全生产责任体系发展历程 ... 14
- 第一节 初始建立阶段 ... 14
- 第二节 停滞与恢复阶段 ... 15
- 第三节 提升与发展阶段 ... 15
- 第四节 全面深化与法治化阶段 ... 16
- 第五节 新时代下的安全生产责任体系 ... 17
- 第六节 油气管道行业安全生产责任体系建设背景及发展 ... 18

第三章 安全生产责任体系相关法律及规定解读 ... 21
- 第一节 安全生产责任体系的法定内容 ... 21
- 第二节 新《安全生产法》解读 ... 23
- 第三节 《企业安全生产责任体系五落实五到位规定》解读 ... 26
- 第四节 《关于全面加强企业全员安全生产责任制工作的通知》解读 ... 27
- 第五节 安全生产责任体系的违法责任 ... 30

第四章 安全生产责任体系建设基础 ... 32
- 第一节 构建安全生产责任体系的原则 ... 32
- 第二节 安全生产责任体系框架 ... 36

第五章 安全生产责任体系建设规划 ... 50
- 第一节 安全生产责任体系建设的目标与指导思想 ... 50
- 第二节 安全生产责任体系建设的基本思路与规划 ... 53

第六章 安全生产责任体系建设准备与启动 ... 57
- 第一节 安全生产责任体系建设的要求和程序 ... 57
- 第二节 安全生产责任体系建设的一般流程与安排 ... 58
- 第三节 安全生产责任体系建设的决策与准备 ... 62
- 第四节 安全生产责任体系建设外部专家组的引入 ... 64
- 第五节 安全生产责任体系建设的领导与支持资源 ... 66

第七章 安全生产责任体系建立具体步骤 ... 68
- 第一节 安全生产责任组织机构建立 ... 68

  第二节 企业现状评估及制度策划 …………………………………………… 69
  第三节 安全生产责任梳理及量化 …………………………………………… 70
  第四节 安全生产责任体系文件的编制与实施 ………………………………… 71

第八章 安全生产责任制制定及落实 74
  第一节 全员安全生产责任制 ……………………………………………… 74
  第二节 安全生产责任清单 ………………………………………………… 77
  第三节 个人安全行动计划 ………………………………………………… 79

第九章 安全生产责任制度制定与实施 82
  第一节 安全生产责任制度的制定 …………………………………………… 82
  第二节 安全生产责任制度的实施 …………………………………………… 84
  第三节 安全生产责任制度的评价 …………………………………………… 87

第十章 安全生产责任体系绩效考核评估 94
  第一节 目的及意义 ………………………………………………………… 94
  第二节 理论及思路 ………………………………………………………… 95
  第三节 安全生产责任绩效考核应用 ………………………………………… 97

第十一章 安全生产责任体系信息化管理 102
  第一节 信息化平台建设的基本原则与框架 ………………………………… 102
  第二节 信息化平台的建设 ………………………………………………… 103
  第三节 信息化平台的深化 ………………………………………………… 104
  第四节 信息化平台的优化与数据管理 ……………………………………… 105

第十二章 国家管网集团安全生产责任体系建设实践 107
  第一节 国家管网安全生产责任体系建立背景 ……………………………… 107
  第二节 国家管网 QHSE 管理体系 …………………………………………… 109
  第三节 国家管网 QHSE 体系要素矩阵图建立 ………………………………… 119

第十三章 国家管网集团"三个一"安全生产责任体系 124
  第一节 "三个一"工作建设原则 …………………………………………… 124
  第二节 "三个一"工作的内在联系 ………………………………………… 125
  第三节 "一岗一清单"编制目的及要求 …………………………………… 126
  第四节 "一岗一清单"编制流程 …………………………………………… 127
  第五节 "一岗一清单"的运行 ……………………………………………… 132
  第六节 "一岗一清单"评估与完善 ………………………………………… 133
  第七节 "一岗一培训"建立流程 …………………………………………… 134
  第八节 "一岗一考核"建立流程 …………………………………………… 136

参考文献 ……………………………………………………………………………… 138
附录 A 岗位安全生产（QHSE）责任清单格式 …………………………………… 140
附录 B ××作业区管道岗 HSE 责任清单模板 …………………………………… 141

第一章
安全生产责任体系理论基础与背景

一直以来,安全始终是人类社会稳定有序发展最大的也是永恒的主题,尤其是在油气管道行业中,由于原料所固有的危险属性导致安全风险一直存在,因此"安全不是绝对的,不安全才是绝对的"的观点一直受到广大从业者的认可。

如何尽可能降低安全风险,实现安全生产?近几十年来,无数从业者不断探寻安全生产体系本质,创新安全生产理论,落实安全生产措施,逐步推动全社会安全生产责任体系的建立完善。

第一节 安全与安全生产基本概念

一、安全

安全,指没有危险、不受威胁和不出事故的状态。从风险管理角度来说,安全是指不可接受的风险得到有效控制。一般认为安全是一种无危险、无威胁、无伤害的状态。广义上来说,安全是在人类生产过程中,将系统的运行状态对人类的生命、财产、环境可能产生的损害控制在人类能接受水平以下的状态。《大英百科全书》中则将安全定义为消除危险、威胁、伤害等的活动。

安全不是一种结果,而是一种状态或一个过程,而且是一种可被接受的状态或过程。而"可接受"一词就代表了一种非常主观的认识。比如人们在从事某一项活动或评价某一系统、某一客观事物是否安全时,当认为该事物的危险程度是可以接受的,那么这种事物的状态则是安全的,否则就是危险的。

二、安全生产

1. 安全生产的含义

安全生产是指在生产经营活动中,为了避免造成人员伤害和财产损失事故而采取相应的事故预防和控制措施,保证生产经营活动得以顺利进行的相关活动。

一般意义上讲,安全生产是指在生产经营活动中,通过人、机、物料、环境的和谐运作,使生产过程中潜在的各种事故风险和伤害因素始终处于有效控制状态,切实保护劳动者的生命安全和身体健康。具体来说,安全生产是指企事业单位在劳动生产过程中的人身安全、设备和产品安全,以及交通运输安全等。即为了使劳动过程在符合安全要求的物质条件和工作秩序下进行,防止伤亡事故、设备事故及各种灾害的发生,保障劳动者的安全健康和生产、劳动过程的正常进行而采取的各种措施和从事的一切活动。

2. 安全生产认识的发展

安全生产是安全与生产的统一，其宗旨是安全促进生产，生产必须安全。人类社会对安全生产的认识大体历经了五个阶段：

第一阶段是在工业革命前，人类社会处于农业与手工业时代，人们对于"有神论"十分推崇，在面对危险时大多听天由命，选择祈求上帝保佑；

第二阶段是17世纪至20世纪初，人类社会进入蒸汽时代，人们对于安全的意识也有了雏形，开始产生局部安全观，但往往属于亡羊补牢的事后型；

第三阶段是20世纪初至50年代的电气化时代，本质安全的理论逐步形成，人们也开始将安全生产的控制关口前移，由事后处理改为提前预防；

第四阶段是20世纪50年代至20世纪90年代，随着航天事业的发展，系统工程广泛应用，系统安全体系发展壮大；

第五阶段是20世纪90年代以来，人类社会进入信息化时代，人们对于安全的认识逐步提升，涵盖食品安全、治安安全、交通运输安全、消防安全、医疗安全等多方面的"大安全观"应运而生，多种安全管理模式也被逐步提出。

三、安全生产五要素

企业要建立安全生产长效机制，实现企业安全生产的长治久安，就需要从生产经营活动的方方面面来进行把控。一般来说，安全生产"五要素"指安全文化、安全法制、安全责任、安全投入及安全科技。这五个要素既相对独立，又是一个有机统一的整体，相辅相成甚至互为条件，如图1-1所示。下面就针对这五个要素的主要内容进行简要介绍。

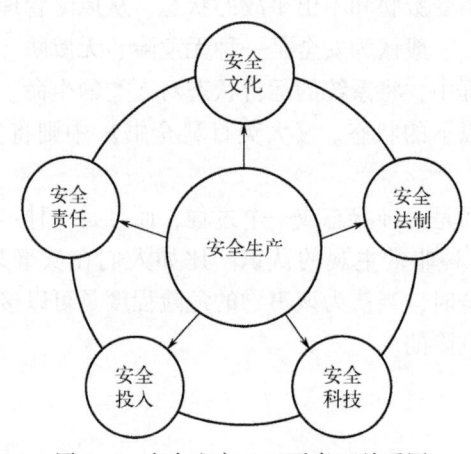

图1-1 安全生产"五要素"关系图

1. 安全文化

安全文化的概念最先由国际核安全咨询组（INSAG）于1986年针对核电站的安全问题提出。1991年出版的报告《安全文化》（INSAG-4）给出了安全文化的定义：安全文化是存在于单位和个人中的种种素质和态度的总和。安全文化和其他文化一样都是人类文明的重要产物。安全文化是安全理念、安全意识以及在其指导下的各项行为的总称，主要包括安全观念、行为安全、系统安全、工艺安全等。安全文化在企业中的应用即企业安全文化，企业安全文化是为企业在生产、生活、生存活动提供安全生产的保证。

在我国安全生产体系之下，企业在安全文化建设时要紧紧围绕"一个中心""两个基本点"开展，即以"以人为本"为核心，以"安全理念渗透"和"安全行为养成"为基本点，内化思想，外化行为，不断提高广大员工的安全意识和安全责任，把安全第一变为每个员工的自觉行为。需要将安全责任落实到企业全员的具体工作中，通过培育员工共同认可的安全价值观和安全行为规范，在企业内部营造自我约束、自主管理和团队管理的安全文化氛围，最终实现持续改善安全业绩、建立安全生产长效机制的目标。

企业可以通过作好班组安全文化建设来实施企业安全文化。如根据各时期安全工作特点，悬挂安全横幅、张贴标语、宣传画、制作宣传墙报、通讯报道、发放宣传资料、播放宣传片、广播安全知识，在班组园地和各科室张贴安全职责、操作规程，还可在班组安全学习会上，不断向员工灌输安全知识，将安全文化变成员工的自觉行动。

2. 安全法制

安全法制是指一个国家和社会在维护安全、预防和应对安全风险的过程中，所制定的法律法规及相应制度的总称。它涵盖了多个方面，包括人身安全、财产安全、生产安全、交通安全、网络安全、公共安全等，旨在通过法律手段确保社会成员的生命、财产和其他合法权益不受侵害。

要建立企业安全生产长效机制，必须坚持"以法治安"，用法律法规来规范企业领导和员工的安全行为，使安全生产工作有法可依、有章可循，建立安全生产法制秩序。坚持"以法治安"，必须"立法""懂法""守法""执法"。

立法：立法是前提。在企业角度，一是要认真组织员工学习国家及各级政府、有关部门出台的各项法律、法规、标准规范；二是要建立起企业自身安全生产管理制度，明确管理要求，规范员工行为。

懂法：懂法是基础。只有做到懂法才能以其为指引规范自身行为。企业全体员工都应当做到熟悉本领域的安全生产法规制度，理解法律条款、把握法律精神、掌握法律应用、关注法律更新。

守法：守法是具体体现。就是要将"以法治安"落实到安全生产的全过程，将各项法律法规、标准规范的要求落到实处，指导企业安全生产运行。

执法：执法是监督。要坚持安全生产法制化就离不开各级政府、主管部门以至于企业自身的监督检查和严格执法。在企业内部应当形成安全生产管理的有效闭环，落实监管及考核，以推动各项政策的有效执行。

3. 安全责任

安全责任指组织或个人在安全生产工作中所承担的保证或维护安全生产的义务，其涉及多个方面的内容和要求，旨在确保安全生产的顺利进行，保护人民的生命和财产安全。安全责任的核心是确保安全生产的顺利进行，预防和减少事故的发生，保护人民的生命和财产安全。

具体而言，安全责任包括多个方面的内容。首先，组织或个人需要履行物质保障责任，确保具备安全生产条件，提供必要的劳动防护用品，并监督、教育员工正确佩戴和使用。其次，需要承担资金投入责任，确保安全生产所需的资金得到合理分配和使用。此外，还需要设立相应的安全生产管理机构，配备合格的安全生产管理人员，制定并落实安全生产规章制度和操作规程，进行安全教育培训，以及履行事故报告和应急救援的责任等。

责任是安全的灵魂，企业是安全生产的责任主体。为了落实企业安全生产主体责任，企业必须从以下几个方面努力：第一，始终把握好安全的方针、原则、政策，把握住方向，把安全放在第一的位置；第二，抓实各级安全生产责任制；第三，把资金用于重大隐患的治理，做到心中有数；第四，抓好"三同时"，部署工作时安全生产工作同时部署，落实工作时安全责任同时落实，检查工作时安全生产同时检查。安全责任必须层级落实，企业应逐级签订安全生产责任书。责任书要有具体的责任、措施、奖罚办法等。对完成责任书各项考核指标、考核内容的单位和个人应给予精神奖励和物质奖励；对没有完成考核指标或考核内容的单位和个人给予处罚；对于安全工作做得好的单位，应对该单位领导和安全工作人员给予一定的奖励。

4. 安全投入

安全投入是安全生产的基本保障。企业安全投入的要求是多方面的，旨在确保企业的生产活动在安全、健康、高效的环境中进行，实现企业的可持续发展。

企业安全投入的要求涉及多个方面：一是符合法律法规与行业标准，企业应确保自己的投入达到或超过国家要求的标准，以满足法律法规的合规性要求；二是应与企业规模、行业特点和风险程度相适应，制定合理的安全投入计划；三是确保安全生产所需，应覆盖所有与安全生产相关的方面，包括但不限于安全设备、防护用品、应急救援设施、安全培训、安全管理等方面的投入；四是注重经济效益和可持续性，企业要考虑长期的安全投入规划，确保安全投入的可持续性；五是强化组织管理和技术措施，这包括建立健全的安全管理体系，同时还应积极采用先进的安全技术和管理手段，提高安全生产水平。

5. 安全科技

科技是安全生产不断稳固的强大支撑。企业安全科技的要求涵盖了技术先进性、适用性、系统性、数据安全性、培训教育以及持续改进与创新等多个方面，旨在通过科技创新和应用，提高企业的安全生产水平，保障员工的生命安全和健康，减少事故和风险的发生。

企业应积极引进和应用先进的安全科技，如安全生产监控技术、事故预警系统、自动化控制技术等，以提高生产过程的自动化和智能化水平，减少人为操作失误，降低事故风险。企业安全科技的应用需要形成系统性的解决方案，比如安全监控、事故预警、应急救援等多个方面的技术集成，构建一个全面、高效的安全生产管理体系。企业还应建立持续改进和创新的机制，不断优化和完善安全科技应用方案。通过不断的技术创新和管理创新，提高企业的安全生产水平，降低事故发生率，实现企业的可持续发展。

第二节 安全生产责任体系基本概念

一、安全生产责任的概念

"责任"一词的定义主要包含两个方面：一是积极意义上的职责、义务的责任；二是消极意义上的责任，即因没有履行职责或义务而承担的不利后果或强制性惩戒。

而安全生产责任则是因生产经营活动而产生的责任，是企业责任的一种，同时也蕴含于其他企业责任之中。简单来讲，安全生产责任指企业必须为其在生产经营过程中所发生的安全问题负责。从本质上来讲，企业的最大目的很大程度上是追求利益最大化，企业的生产经营活动是企业追求利益的手段，也是企业追求生存的方式。而企业是社会化的企业，使得企业的生产经营活动是一个复杂的过程。企业的生产经营活动与社会的各个组成部分存在诸多联系，企业生产经营活动的不断进行与社会息息相关。安全生产责任就是要保证存在诸多联系的生产经营系统有序进行，防止安全事故的发生。

安全生产责任是明确企业各级负责人、各类工程技术人员、各职能部门和职工在生产中应负的安全职责。安全生产责任的内容，概括地讲就是：企业各级生产领导，应对本单位的安全工作负总的组织领导责任；各级工程技术人员、职能科室和生产工人，在各自的职责范围内应对安全工作负起相应的责任。至于具体的安全生产的职责范围，应根据各单位的生产特点和具体情况不同分别确定。安全生产是渗透到企业各个部门和各层次的工作。只有明确分工，各司其职、各负其责，协调一致，才可能实现。因而，安全生产责任是企业中最基本的一项要求，是所有劳动保护、安全生产措施的核心。通过这一制度，使安全生产工作从组织领导上统一起来，把"管生产必须管安全"的原则固定下来。这样，劳动保护工作才能做到事事有人管，层层有专责，才能使各级领导和广大职工分工协作、共同努力，认真负责地把工作做好。建立、健全和执行安全生产责任内容，使企业安全卫生工作纳入生产经营管理活动的各个环节，实现全员、全面、全过程的安全管理，保证企业实现安全生产。

安全生产责任制，是根据"管生产必须管安全"的原则，以制度的形式，明确规定企业的每一位员工在生产活动中应负的安全责任，它是企业岗位责任制的一个重要组成部分，是企业最基本、最核心的一项安全管理制度。安全生产责任制规定了企业中，从最高领导阶层开始，到一般干部、技术人员，直至生产工人的职责范围，以便各负其责，从而促进企业通过计划、布置、总结、评比等手段，保证安全生产方针得到切实的贯彻执行。

安全生产责任制的实质是，在一个企业中，人人都享有管安全的权利，也有管安全的义务，真正达到既保证完成生产任务，又保证不出事故。安全生产责任制明确规定，企业的法人代表是企业的第一安全责任人，企业的主要负责人（经理）必须把"安全第一，预防为主"的安全生产方针贯彻到企业的生产计划、方案和规划中，并以身作则，带头贯彻执行，同时监督和要求其他员工必须严格按照规定进行操作。安全生产责任制的三个基本要素是：企业必须建立安全管理机构，企业的法人代表必须担当第一安全责任人，企业必须建立完善的安全管理制度。

二、安全生产责任制的内涵

企业是生产经营活动的主体，是安全生产工作责任的直接承担主体。企业安全生产主体责任，是指企业依照法律、法规规定，应当履行的安全生产法定职责和义务。安全生产责任主要包含八个方面的责任。

(1) 物质保障责任。

具备安全生产条件；依法履行建设项目安全设施"三同时"的规定；依法为从业人员提供劳动防护用品，并监督、教育其正确佩戴和使用。

(2) 资金投入责任。

按规定提取和使用安全生产费用，确保资金投入满足安全生产条件需要；按规定存储安全生产风险抵押金；依法为从业人员缴纳工伤保险费；保证安全生产教育培训的资金。

(3) 机构设置和人员配备责任。

依法设置安全管理机构，配备安全管理人员；按规定委托和聘用注册安全工程师或者注册安全助理工程师为其提供安全管理服务。

（4）规章制度制定责任。

建立健全全员安全生产责任制和各项规章制度、操作规程。

（5）教育培训责任。

依法组织从业人员参加安全生产教育培训，取得相关上岗资格证书。

（6）安全管理责任。

依法加强安全管理；定期组织开展安全检查；依法取得安全生产许可；依法对重大危险源实施监控；及时消除事故隐患；开展安全生产宣传教育；统一协调管理承包、承租单位的安全生产工作。

（7）事故报告和应急救援的责任。

按规定报告生产安全事故；及时开展事故抢险救援；妥善处理事故善后工作。

（8）其他法定责任。

法律、法规、规章规定的其他安全生产责任。

安全生产责任制是各级政府、主管部门、企事业单位及其内部各层级、各个岗位在生产经营活动中需要层层负责的一种制度，它是整个安全生产管理体系的核心和基础，其内涵主要可以从以下三个方面进行理解：

一是确保安全生产工作真正落实的基本制度。安全生产责任制最核心的功能在于它能够明确各级、各部门甚至各个岗位必须要履行的安全生产职责，并以制度的形式来确保各项安全生产工作的落实。从制度层面看，其他各项制度的制定实施都需要围绕安全生产责任来展开，确保其中的各项内容均能得以体现，同时也需要其他制度来为安全生产责任的落实创造有利条件。

二是确保安全生产工作有效到位的运行机制。从安全生产管理的流程来看，安全生产责任在其中起到了相互联系的作用，安全生产工作的组织实施与落实到位是围绕着责任制这一核心来展开的，并由责任的设定、分解、传导、检查与落实形成了一个有机的整体。

三是确保安全生产工作正常运行的保证体系。安全生产责任制是一个相对完整的系统，从其内部各有关要素组成及其相互关系看，主要包含两个方面：一是由责任内容、责任目标、责任形式、责任要求、监督检查、保障措施等所构成的责任运行与责任保障体系；二是以层层负责为主要内容的责任落实保障体系，即逐层分解、层层监督，由此形成一个"横到边、纵到底"的责任保证体系。

三、安全生产责任体系的概念

为了强化安全生产主体责任，需要企业在内部建立和完善一系列行之有效的安全生产责任体系。企业安全生产责任体系是一个复杂的体系，是指企业在安全生产方面形成的一整套责任机制。它涵盖了企业领导、管理人员、操作人员等多个责任主体，通过明确各级岗位的职责和权利，实现对安全责任的全面覆盖，确保企业安全生产工作的正常开展。具体来说，安全生产责任体系要求企业明确各级管理者、部门负责人和员工的安全生产责任，形成一个层级分明、责任明确的管理架构。在这个体系中，不同层级的责任主体有不同的职责，但彼此之间又有紧密的合作，共同确保企业的安全生产工作得以有效执行。

不同类型企业的安全生产责任存在差异，不同规模企业的安全生产责任也不尽相同。因此，在建立企业安全生产责任体系时要充分考虑企业的实际情况，且要经过初选讨论、论证、选定、最终确定。一般企业的安全生产责任体系包含依法生产经营、组织保证体系、安全教育培训、员工权益维护、生产场所管理、事故管理等七个子体系，如图 1-2 所示。

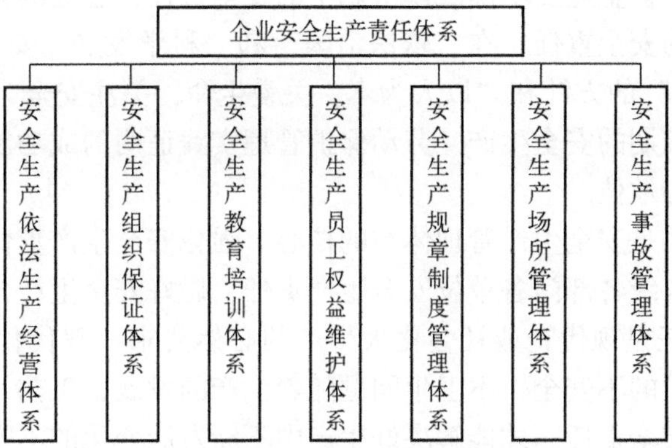

图 1-2 企业安全生产责任体系框架

安全生产责任体系指从制度上对企业所有人员和所有部门，在其各自的职责范围内对安全工作应负的责任作出明确的规定，并遵照执行。安全生产责任体系是企业最基本的一项安全体系，是所有安全规章制度的核心。安全生产责任体系是根据"预防为主"原理和"管生产必须管安全"的原则，规定企业各级领导、职能部门、各类技术人员和生产工人在生产劳动中应该担负的安全责任，是安全生产过程中责、权、利的集中体现。

安全生产责任体系的实质是"安全生产，人人有责"。在企业安全生产责任体系中，按照岗位划分，主要有企业领导（法人代表）的安全职责、各部门负责人的安全职责、项目负责人的安全职责、班组长的安全职责、生产工人的安全职责等。按照部门划分，则主要有各职能部门（如生产部、计划部、技术部、设备部、供应部、人事部、保卫部以及其他部门）的安全职责等。通过安全生产责任体系的建立，将安全管理组织体系协调统一起来，使得安全生产工作事事有人管、层层有责任。

第三节 建立安全生产责任体系的意义

一、建立安全生产责任体系的重要性

全面加强企业安全生产责任体系工作是推动企业压实安全生产主体责任的重要抓手，有利于减少企业"三违"现象（违章指挥、违章作业、违反劳动纪律）的发生，有利于降低因人的不安全行为造成的生产安全事故，对解决企业安全生产责任传导不力问题，维护广大从业人员的生命安全和职业健康具有重要意义。

压实企业主体责任需要夯实从主要负责人到基层一线员工的安全责任，建立健全全员安全责任制。只有明确责任体系划分，真正建立安全生产工作"层层负责、人人有责、各负其责"的工作体系并实现有效运转，才能真正解决好安全生产的"责任框架"问题，才能从源头上减少一线从业人员"三违"现象，从而有效降低因人的不安全行为造成的生产安全事故的发生，维护好广大从业人员的生命安全和职业健康。

通过建立健全安全生产责任体系，增强生产经营单位各级负责人、各管理部门管理人员及各岗位人员对安全生产的责任感；明确责任，充分调动各级人员和各级管理部门安全生产的积极性和主观能动性；遵守安全生产法律法规和政策、方针的要求，加强自主管理，确保

责任制落实到位。

在生产经营活动中，企业要明确法律所赋予的安全责任，企业的安全管理人员要知道自己应负的职责和肩负的安全重任，在"依法治国"和"科学发展、安全发展"的大背景下，"安全第一，预防为主"的方针和"以人为本，关爱生命，关注安全"的原则尤为重要。安全生产责任制是经过长期的安全生产、劳动保护管理实践证明的成功制度与措施，在企业安全生产管理中占据中心地位。

安全生产责任体系是安全生产管理体系的核心。强化安全生产责任体系建设是加强安全生产组织领导，落实各级各部门各单位安全生产责任，做好安全生产各项工作的重要保证。

（1）安全生产责任是现代企业社会化大生产的必然要求。现代化生产一方面是一项复杂的人机工程，生产中的不安全、不卫生问题随着生产的发展，工艺、设备的变化而不断产生和变化，只有落实安全责任，才能解决好生产中不断发展变化的不安全、不卫生问题；另一方面，现代生产又有其广泛的社会性，生产分工越来越细，而完成一个生产任务又必须互相协作，密切配合。因此，必须加强生产的全员、全过程的安全管理，明确安全职责，才能保证安全生产。

（2）安全生产责任体系是我国多年来安全生产实践的经验总结，是一项行之有效的措施。国务院发布的《关于加强企业生产中安全工作的几项规定》，把安全生产责任制作为"规定"中的一项重要内容，使安全生产责任制成为一项基本法律制度，成为建立安全生产责任制的法律依据。为适应改革发展的需要，国家在全国范围内建立起了以政府、行业管理部门、企业法人或法人代表为第一责任人的安全生产责任体系，安全生产工作责任到人、重大问题有专门领导负责解决的局面基本形成。多年的安全管理实践证明，凡是建立了安全生产责任体系的企业，各级领导就能重视安全生产工作，认真贯彻劳动保护的方针、政策、法规，切实负起安全生产责任，在组织生产的同时，能积极采取措施，有计划地改善劳动条件，保证安全生产。反之，企业安全工作就会因为职责不明、互相推诿而无法进行，工伤事故和职业病就会不断发生。因此，要搞好企业的安全生产，必须建立和健全安全生产责任体系。

二、建立安全生产责任体系的必要性

经过广大企业和全社会的共同努力，全国安全生产形势总体平稳，事故总量持续下降，安全生产状况持续稳定好转，为经济社会发展提供了安全稳定的社会保障。我国安全生产状况虽有改善，但事故总量基数仍然很大，重特大事故时有发生，严重危及人民生命财产安全和经济社会发展。究其原因之一，就是我国企业全员安全生产责任制总体上尚未建立、健全，企业安全生产缺乏科学严谨的责任体系和制度保障，其主要表现在：

（1）企业及其主要负责人对建立、健全全员安全生产责任制的重要性认识不足，将其混同于一般的安全管理制度，企业安全生产主体责任不落实，全员安全生产责任制不落地。

（2）全员安全生产责任制"不全员"，有些责任制只明确了企业负责人、管理人员和部分岗位人员的安全责任，没有覆盖所有从业人员，责任人员有死角、有遗漏、有空白。

（3）责任范围不明确，有空白、有交叉，主要负责人、其他负责人、分管负责人和专职、兼职安全管理人员的各自责任及其相互衔接不明确、不落实。

（4）缺少明确、具体、可操作性强的考核标准。有的企业没有严格的考核标准，有的大而化之，不能真正发挥检查、督促责任人员落实安全生产责任的功能，考核工作形同虚设、走过场。

（5）不了解违反有关全员安全生产责任制违法行为的追责规定，不清楚违法后果。

1. 符合安全管理规律

安全管理的核心是风险管理，管控住风险就可以有效防止事故的发生。我国各地关于专职安全管理人员的配比要求一般为企业员工总数的1%~2%。但风险分布于各种作业行为中，仅凭有限的安全监督人员去识别、控制和监管，会产生监管力量与生产力量悬殊，监管不足，导致一些因监管不力而发生的违章作业行为，从而引发事故。如果将作业行为的风险识别、控制和监管作为作业人员自己的工作职责，要求其作业时对存在的岗位风险主动控制，就实现了安全风险的分散管理以及自主监督管理。因此，建立安全生产责任体系，将风险辨识和控制的安全生产责任归位给每个个体，就符合了安全管理的基本规律。

2. 企业自身利益的需要

建立安全生产责任体系后，各级机构和人员的职责内容具体明确，可执行性强，便于企业形成"按章履职、履职免责"的良好局面，提升全员从事安全工作的积极性。当前，很多企业处于从"严格监管"向"自主管理"的过渡阶段，实现强制落实责任转变为自发行为习惯是能否过渡成功的根本，而建立责任体系是强制落实责任的根本前提。另一方面，安全生产责任体系不建立会导致安全生产责任的落实不到位，一旦发生安全生产事故，事故中负有领导责任、主要责任和直接责任的人员，会面临经济处罚，甚至承担刑事责任。

3. 安全管理形势的要求

目前，安全生产责任落实不到位的问题十分突出。政企安全责任落实方面存在企业主体责任未全面履行、政府安全管理责任过重的问题，职能部门存在管理部门责任落实不到位、监管部门监督责任承担过多等问题，企业内部存在主要负责人七项安全生产法定责任落实不到位、分支机构中管理部门责任落实不到位、监督部门承担过多责任、员工岗位安全责任落实不到位等系统性问题，"管行业必须管安全、管工作必须管安全、管业务必须管安全"等一些主体责任要求履行不到位。这些严重制约着安全生产管理以及企业的安全管理。只有充分解决责任体系建立问题，才能从根本上扭转安全管理不利局面，遏制事故发生。

三、建立安全生产责任体系的作用

安全生产责任体系是在我国"安全第一、预防为主、综合治理"的安全生产十二字方针的基础上所建立的，是企业安全生产工作的核心管理体系，对维护企业乃至整个社会安全平稳具有十分重要的作用，主要体现在以下几个方面：

（1）建立安全生产责任体系可以使企业各方面各类人员在生产中分担安全责任，职责明确，分工协作，共同努力做好安全工作。防止和克服安全工作中的混乱、互相推诿、无人负责的现象，把安全工作与生产工作在组织领导上统一起来。使得每个人都清楚自己在安全生产中的定位和责任，从而确保各项安全措施得以有效实施。

（2）建立安全生产责任体系可以更好地发挥企业专职安全管理机构的作用，明确各方面职责以共同搞好安全工作，这既是对安全工作的加强，也是对专职安全管理机构工作职责的明确，使业务工作走上正轨，克服工作忙乱、不务正业的现象，更好地发挥企业专职安全管理机构作为领导安全工作的助手和安全生产的组织者的作用。

（3）安全生产责任体系对于进行事故调查、处理、分清责任、吸取教训、改进工作都有积极作用和好处。当事故发生时，调查人员可以根据安全生产责任体系迅速定位事故责任人，并深入了解其在事故中的具体职责和行为以及过失程度，进而对其进行相应的处理。在事故调查处理过程中，安全生产责任体系可以帮助企业和相关部门深入剖析事故原因和存在的问题，从而找出安全生产工作的薄弱环节和不足之处。

四、安全生产责任体系的主要内容

企业的安全生产责任按责任对象分为对企业内部的安全生产责任和对企业外部的安全生产责任两个部分。对企业内部的安全生产责任主要是保护员工在生产过程中的生命健康和避免财产损失。对企业外部的安全生产责任包括企业生产的产品应该有很好的安全性能，防止用户在使用产品的过程中发生事故而导致人员伤亡、财产损失，以及企业在生产过程中发生的事故不殃及公众。

企业安全生产责任是安全生产责任体系的核心，总的来说可以包含四方面：法律责任、经济责任、生态责任及道德责任。而由此进一步外扩到落实层面，又可以转化为安全生产法规等规定的责任、企业安全生产投入、环境保护及节约资源、企业伦理道德方面责任四个方向。它们由内向外共同组成了企业安全生产责任的框架，其逻辑关系如图1-3所示。

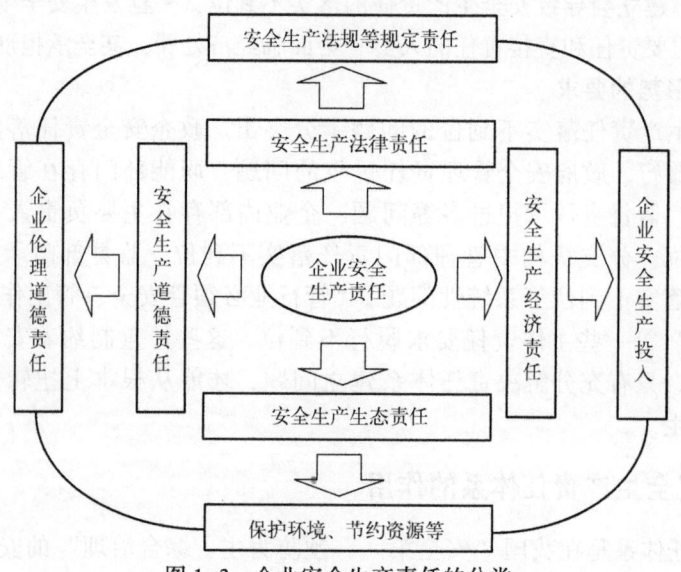

图1-3　企业安全生产责任的分类

安全生产责任体系的内容主要包括两个方面：一是纵向方面，即从上到下所有类型人员的安全生产职责。在建立责任制时，可首先将本单位从主要负责人一直到岗位工人分成相应的层级，然后结合本单位的实际工作，对不同层级的人员在安全生产中应承担的职责作出规定；二是横向方面，即各职能部门（包括党、政、工、团）的安全生产职责。在建立责任制时，可按照本单位职能部门（如安全、管道、设备、计划、经营、生产、人事、财务、档案、培训、党办、宣传、团委等部门）的设置，分别对其在安全生产中应承担的职责作出规定。

建立一个完善的安全生产责任体系的总的要求是：坚持"党政同责、一岗双责""横向到边、纵向到底"，并由生产经营单位的主要负责人组织建立。建立的安全生产责任体系具体应满足如下要求：

（1）必须符合国家安全生产法律法规和政策、方针的要求。
（2）与生产经营单位管理体制协调一致。
（3）要根据本单位、部门、班组、岗位的实际情况制定，既明确、具体，又具有可操作性，防止形式主义。
（4）由专门的人员与机构制定和落实，并应适时修订。
（5）应有配套的监督、检查等制度，以保证安全生产责任体系得到真正落实。

第四节　与安全生产责任相关安全理论

一、安全生产责任体系与安全科学原理

安全生产责任体系与安全科学原理是两个相互关联且不可或缺的内容，它们在保障生产安全、预防事故及提升企业整体安全水平方面发挥着重要作用。

安全生产责任体系指所有参与生产经营活动的主体，根据法律法规和管理制度的要求，对本单位的安全生产工作负有法定义务，依法承担事故预防和提高安全生产水平的责任所构建的体系。这是一种法定义务，要求每个单位和个人都要为安全生产承担相应的责任，并采取有效的措施确保安全生产。安全生产责任体系的主体包括企事业单位、生产经营者、监管部门和从业人员等。这意味着，无论是企业高层管理者还是一线工人，每个人都应明确自己的安全生产职责，并积极参与其中。

安全科学原理，通常指具有相对普适性的安全规律，是多门安全科学分支所共享的安全原理，是安全科学的核心理论。安全科学原理基于经验或理论归纳得出，是安全事物发展变化的客观规律，是被安全实践和事实证明的，反映安全事物在一定条件下发展变化的客观规律。安全科学原理为安全科学发展和安全活动提供理论支持和方向引导，对安全科技工作实践具有指导性，是一切安全活动必须遵循的规律及基本原则。

二、安全生产责任体系与安全管理模式

安全生产责任体系与安全管理模式之间存在着密切的关系，它们相互依存、相互促进，共同构成了企业安全生产工作的基础。企业要将落实安全生产责任体系构建与施行科学先进的安全管理模式相结合，建立完善企业安全生产管理体系，从根本上消除隐患、降低风险、确保安全。

安全管理模式指在安全生产过程中，为了实现生产过程中人与机器设备、物料、环境的和谐，采取的一系列决策、计划、组织和控制等活动的方式方法。这些活动旨在发挥人们的智慧，通过人们的努力，达到安全生产的目标。安全管理模式是企业或者组织进行安全管理的核心组成部分，它决定了安全管理的效率和效果。

常见的安全管理模式主要有系统化安全理论、行为安全管理、安全生产标准化、双重预防管理机制、安全文化建设等多方面，安全生产责任体系是安全管理模式的重要组成部分。安全生产责任体系通过明确各级、各部门和个人的安全生产职责，确保安全生产工作得到有效落实。它要求企业建立清晰的责任分工，确保从管理层到一线员工都能明确自己的安全职责，形成全员参与的安全生产格局。这种责任体系为安全管理模式提供了有力的支撑，使得安全管理工作能够有序、高效地进行。

安全管理模式也是安全生产责任体系得以有效实施的重要保障。安全管理模式注重系统化、规范化的安全管理方法，通过制定安全规章制度、开展安全培训、实施安全检查等措施，全面提升企业的安全生产水平。这些管理措施有助于落实安全生产责任体系中的各项要求，确保各级人员能够严格按照职责要求进行工作，防范和减少事故的发生。

此外，安全生产责任体系与安全管理模式之间还存在相互促进的关系。安全生产责任体系的建立有助于推动安全管理模式的创新和完善，使安全管理更加符合企业的实际情况和需求。同时，安全管理模式的不断优化和提升也会反过来推动安全生产责任体系的进一步完善，形成良性循环。

三、安全生产责任体系与本质安全

本质安全本意是指通过设计、材料、制造等手段使生产设备或生产系统本身具有安全性，并在考虑安全冗余的基础上，增加安全联锁、紧急切断、先兆预警等措施，确保在误操作或发生故障的情况下生产系统亦不会造成事故。

但随着人们对于安全认识更加系统化，本质安全理论及方法已从技术层面向系统管理方向发展。目前很多学者认为，在石油化工领域，所谓本质安全是指通过追求人、机、环境的和谐统一，实现系统无缺陷、管理无漏洞、设备无故障。实现本质安全型企业，要求员工素质、劳动组织、装置设备、工艺技术、标准规范、监督管理、原材料供应等企业经营管理的各个方面和每一个环节都要为安全生产提供保障。

安全生产责任体系的建立是实现本质安全的重要支撑。在企业管理中，实现本质安全应当建立"横向到边，纵向到底"的安全生产责任网络，将任务逐层分解，逐层落实，将各项工作进行具体的细化，以此实现安全发展的目标。例如在安全职责分管的过程中，员工要清楚地了解到工作的具体职责是什么，明确各自的权利与义务，并且在此基础上进一步实现安全管理方案的编制，在安全管理的基础上有条不紊地进行相应的操作，以顺利地完成生产任务。

四、安全生产责任体系与质量、环境、职业健康安全管理体系

安全生产责任体系是一个确保所有员工都理解并负责其在安全管理中的角色的管理工具。这个体系将安全意识和责任从最高级别的领导层级贯穿到每一个员工，以实现更加完善和全面的安全保障。安全生产责任体系与质量、环境职业健康安全管理体系既相关又存在一定区别。

1. 安全生产责任体系与质量管理体系的区别

质量管理体系的主要目标是保证产品和服务的质量，满足顾客的需求和期望。它关注的是产品和服务的设计、生产、检验和服务等环节，通过质量计划、质量控制、质量保证和质量改进，实现质量目标。

而安全生产责任体系的主要目标是保证企业的安全生产，防止和减少安全事故。它关注的是企业的生产活动和工作环境，通过安全风险的识别、评估和控制，安全生产的教育培训，安全事故的应急处理等，实现安全生产目标。

虽然两者都是企业的管理体系，但其关注的对象和管理的目标是不同的。同时，两者之间也存在着内在的联系。例如，质量的问题可能影响到安全，安全的问题也可能影响到质量。

2. 安全生产责任体系与环境管理体系的区别

环境管理体系的主要目标是保护环境，防止和减少环境污染。它关注的是企业的生产活动对环境的影响，通过环境影响的识别、评估和控制，环保法律法规的执行，环保教育培训，环境事故的应急处理等，实现环保目标。

而安全生产责任体系关注的是企业的生产活动对人的安全的影响。尽管环保和安全都是企业社会责任的重要组成部分，且在很多方面有着相似之处。例如，都要求企业对风险进行识别、评估和控制，都强调预防为主，都需要进行教育培训等，但其关注的风险和目标是不同的。

3. 安全生产责任体系与职业健康安全管理体系的区别

职业健康安全管理体系的主要目标是防止和减少职业病和工伤事故，保护员工的健康。它关注的是企业的生产活动对员工健康的影响，通过职业危害的识别、评估和控制，职业健康检查，职业健康教育培训，职业病和工伤事故的应急处理等，实现职业健康安全目标。

而安全生产责任体系关注的是企业的生产活动对人（包括员工、社区和环境）的安全的影响。虽然两者都关注人的安全，但其关注的风险和目标是不同的。同时，职业健康安全管理体系可以视为安全生产责任体系的一个重要组成部分，两者在很多方面有着内在的联系和互动。

五、安全生产责任体系与企业岗位责任制

安全生产责任体系是全员安全生产职责确立、实施及职责间相互关联的运行体系，是指以第一责任人职责为源头的全员安全生产责任体系的各项职责清单，形成与日常安全生产管理工作有机结合的动态责任考核机制。

首先是制度不同。安全生产责任体系是根据我国的安全生产方针"安全第一，预防为主，综合治理"和安全生产法规建立的各级领导、职能部门、工程技术人员、岗位操作人员在劳动生产过程中对安全生产层层负责的体系。而岗位责任制则是指根据办公室各个工作岗位的工作性质和业务特点，明确规定其职责、权限，并按照规定的工作标准进行考核及奖惩而建立起来的制度。

其次特点不同。安全生产责任体系是企业岗位责任制的一个组成部分，是企业中最基本的一项安全制度，也是企业安全生产、劳动保护管理制度的核心。而要建立和健全岗位责任制，必须明确任务和人员编制，然后才有可能以任务定岗位、以岗位定人员。责任落实到人，而非职务，各尽其职，达到事事有人负责的目标，改变以往有人没事干、有事又没人干的局面，避免苦乐不均现象的发生。

最后是作用不同。安全生产责任体系健全的企业，各级领导重视安全生产、劳动保护工作，切实贯彻执行党的安全生产、劳动保护方针、政策和国家的安全生产、劳动保护法规。在认真负责地组织生产的同时，积极采取措施，改善劳动条件，工伤事故和职业性疾病就会减少。而岗位责任制要考虑各种因素，在实际工作要调整人员、量才授职、扬长避短，才能人尽其才，也使每个岗位上的工作卓有成效。

第二章
安全生产责任体系发展历程

第一节 初始建立阶段

安全生产责任制是经过长期职业健康安全生产管理实践形成的制度性设计，也是无数次被事故警省后的制度性总结。安全生产责任体系的提出由来已久，追溯安全生产责任体系的源头，可以从20世纪50年代开始来看。此时伴随着新中国的成立，我国工业化的发展蒸蒸日上，企业安全生产问题逐渐受到重视，国家开始制定一系列基本的安全生产法规和标准，初步建立了企业安全生产的基本框架。强调企业领导对安全生产的直接责任，形成了初步的安全生产责任体系。

1953年，我国开始实行第一个五年计划。国家开始大刀阔斧地进行经济建设，但由于当时管理水平和技术水平的落后，安全生产问题十分突出，仅仅前5个月，重工业部所属企业就发生了重大伤亡事故80起，造成了恶劣的社会影响。此时重工业部意识到因突击生产而使得工人违反操作规程，厂矿安全技术组织机构不健全等是造成事故多发的主要原因。

1953年5月，重工业部发出了《关于在生产厂矿中建立责任制的指示》，该指示直接地指出企业管理方面最主要的短板是许多管理制度上存在着严重的无人负责现象，并要求各个生产厂矿领导有计划地建立和健全行政上的专责制、技术责任制、生产调度责任制、设备维护与检修责任制、安全技术责任制等在内的七大责任制度。这里面更是强调"有关的安全工作除厂长、车间主任应负责任外，并规定直接的负责人员"，这也就意味着，厂矿长、车间主任、工长、班长、班组成员等都要对安全负责。

1954年7月13日，李立三部长在劳动部与中华全国总工会联合召开的劳动保护座谈会议上的总结中指出："在国家进入计划经济建设时期，一切工作要求计划化，因此在企业管理上正在推行与加强计划管理、技术管理和建立责任制"。同时明确提出各级企业领导人必须贯彻"管生产必须管安全"的原则，由此开始了在企业建立安全生产责任制度的步伐。

1956年发布的《工厂安全卫生条例》，是新中国成立后较早的一部关于工厂安全生产的法规，明确了工厂在生产过程中的安全卫生要求。

1963年3月30日，国务院颁布了《国务院关于加强企业生产中安全工作的几项规定》，这是目前可通过查阅资料所追溯到的安全生产责任制的源头。该规定对企业安全生产责任制的问题作出了明确规定，该规定的第一条就是"关于安全生产责任制"，同时在其中提出了5项工作要求，并提出了"两管五同时"，在具体内容上对各业务职能部门、各级领导、劳动保护机构和人员、职工在安全工作上提出了要求。如要求"企业单位的各级领导人员在管理生产的同时，必须负责安全管理工作，认真贯彻执行国家有关劳动保护的法规和制度，在计划布置、检查、总结、评比生产的时候，同时计划、布置、检查、总结、评比安全工作""企业单位中的生产、技术、设计、供销、运输、财务等各有关专职机构，都应该在各自业务范围内，对实现安全生产的要求负责"等。如果仔细研究就会发现，这其中的规定就是后来《安全生产法》内容中的雏形，比如安全生产管理机构以及安全生产管理人员的职责，从业人员的安全生产权利、义务等。

同样是在1963年发布的《关于企业安全生产工作的指示》，则强调了企业领导对安全生产的直接责任，提出了加强安全生产的具体措施。该指示明确指出企业领导必须亲自抓安全生产工作，确保各项安全措施得到落实。同时，该文件还要求企业建立健全安全生产责任制，将安全生产责任细化到各级管理人员和员工，确保安全生产工作得到有效执行。

第二节 停滞与恢复阶段

自1963年国家明确了安全生产责任制以来，各行各业的安全生产形势一片大好，但随之而来的十年动荡时期使得一些安全生产制度难以有效落实，安全生产工作责任不清，导致此时重特大煤矿事故高发，安全形势混乱。

为遏制安全生产态势进一步恶化，1970年12月11日，国家下发《中共中央关于加强安全生产工作的通知》，其中要求"各级党组织要把安全生产摆在重要日程上……对工作不负责任，以致造成的重大事故，必须分别情况，追究责任，情节严重的以党纪国法论处"，该通知的发布在一定程度上提升了当下安全生产责任落实的高度，使得安全生产形势向好转变。

到1975年4月7日，国务院转批《全国安全生产会议纪要》，要求"迅速改变安全工作无人负责的状况，管生产的必须管安全，行之有效的制度必须执行"，进一步明确了安全与生产同样重要的地位，相关负责人要两手都抓，两手都管。

而在1978年10月21日，中共中央继续提升安全生产责任落实要求，下发《中共中央关于认真做好劳动保护工作的通知》，该通知要求"迅速把各级安全生产责任制度建立、健全起来。要做到职责明确，赏罚严明"。同时明确了对于企业负责人失职追责的规定，规定一个企业发生伤亡事故，首先要追查主要负责人的责任，不能姑息迁就。

从1970年开始陆续颁布的各项通知要求，可以视为在我国安全生产态势恶化时期过后，对于1963年提出落实安全生产责任制这一要求从思想意识上的一次统一和落实。尤其是直接明确地指出了企业负责人在企业整个安全生产管理中不可动摇的领导地位，并将企业的生产经营效益与安全管理实绩紧密绑定，促进了安全生产责任制体系的逐步完善，由此而带来的便是由企业自发的逐步对规章和制度的恢复和建立健全。

第三节 提升与发展阶段

改革开放以来，我国已经实现了从工业化初期向中期、中后期的过渡，在这个发展阶段最显著的特征就是"快"和"粗"。"快"是说我们只用了三十多年就完成了这个过渡，比发达国家快得多。"粗"指长期以来经济发展在注重速度的同时对发展的质量关注不够。在快速、粗放的发展模式下，全社会缺乏安全生产的意识，安全生产的法律法规不健全，生产

— 15 —

经营单位的本质安全水平低，安全生产隐患多。因此随着改革开放的深入，国家也逐步意识到安全生产是当前社会发展中亟须解决的重要问题，随后的政策文件中对安全生产责任体系的要求也更加明确和具体。

1983年，在《国务院关于加强企业生产中安全工作的几项规定》中就指出企业要建立健全安全生产责任制，明确各级管理人员和员工的安全生产职责。

1989年7月4日，国务院又针对进一步深化企业负责人对于企业安全生产工作负有第一责任的要求，发布了《国务院关于加强工业企业管理若干问题的决定》，明确"厂长（或经理）对企业的安全生产负有全面责任"。

1997年10月20日下发的《国务院办公厅转发劳动部关于认真落实安全生产责任制意见的通知》，首次专门、全面地对安全生产责任制的落实问题作出规定，强调："安全生产是关系国家和人民群众生命财产安全、关系经济发展和社会稳定的大事，各地区、各有关部门（行业）和企业务必把这项工作列入重要议事日程，切实抓紧抓好。要按照'企业负责、行业管理、国家监察、群众监督和劳动者遵章守纪'的总要求，以及管生产必须管安全、谁主管谁负责的原则，建立健全安全生产领导责任制并实行严格的目标管理。行政正职和企业法定代表人是安全生产第一责任人，对安全生产工作应负全面的领导责任，分管安全生产工作的副职应负具体的领导责任；分管其他工作的副职，在其分管工作中涉及安全生产内容的，也应承担相应的领导责任。""各企业要严格按照国家关于安全生产的法律、法规和方针政策，制定详尽周密的安全生产计划，健全各项规章制度和安全操作规程，落实全员安全生产责任制。"

第四节　全面深化与法治化阶段

进入21世纪，安全生产成为国家发展的重要议题，法律法规不断完善，与此同时企业安全生产责任体系进一步细化，强调全员参与和全过程管理。

随着2002年6月29日《中华人民共和国安全生产法》的颁布，实践多年的安全责任制得到法律的确认。此版《安全生产法》中第四条规定："生产经营单位必须……加强安全生产管理，建立、健全安全生产责任制度，完善安全生产条件，确保安全生产"，首次从法律上确立了安全生产责任制的地位及作用。

2004年1月9日，国务院印发了《关于进一步加强安全生产工作的决定》，其中第三大项提出："强化管理，落实生产经营单位安全生产主体责任，全面落实安全保障的各项法律法规。"同时对于各级领导的安全生产责任落实也提出了明确要求，要求"认真落实各级领导安全生产责任。地方各级人民政府要建立健全领导干部安全生产责任制，把安全生产作为干部政绩考核的重要内容，逐级抓好落实。特别要加强县乡两级领导干部安全生产责任制的落实。"

2006年3月27日，中共中央政治局在进行第三十次集体学习时强调安全生产关系人民群众生命财产安全，关系改革发展稳定的大局。

2010年7月19日，国务院印发《关于进一步加强企业安全生产工作的通知》，其中在总体要求中指出要"强化企业安全生产主体责任落实"，宏观把控安全生产主基调。

2010年8月20日，国家安全监管总局出台的《关于进一步加强企业安全生产规范化建设　严格落实企业安全生产主体责任的指导意见》明确提出要"进一步加强企业安全生规范化建设，严格落实企业安全生产主体责任"。

2011年11月26日，国务院发布《关于坚持科学发展安全发展促进安全生产形势持续稳定好转的意见》，要求"认真落实企业安全生产主体责任"。

2014年12月1日，《安全生产法》在经过修订后明确规定"第三条安全生产工作应当以人为本，坚持安全发展，坚持安全第一、预防为主、综合治理的方针，强化和落实生产经营单位的主体责任，建立生产经营单位负责、职工参与、政府监管、行业自律和社会监督的机制。""第四条生产经营单位必须遵守本法和其他有关安全生产的法律、法规，加强安全生产管理，建立、健全安全生产责任制和安全生产规章制度，改善安全生产条件，推进安全生产标准化建设，提高安全生产水平，确保安全生产。""第十九条生产经营单位的安全生产责任制应当明确各岗位的责任人员、责任范围和考核标准等内容。生产经营单位应当建立相应的机制，加强对安全生产责任制落实情况的监督考核，保证安全生产责任制的落实。"

2015年3月16日，国家安全生产监督管理总局制定了《企业安全生产责任体系五落实五到位规定》。文件明确规定了要落实"党政同责""一岗双责"的要求，全面建立由主要负责人牵头的，自上而下无死角的安全生产责任体系，做到安全责任到位、安全投入到位、安全培训到位、安全管理到位、应急救援到位，持续推进安全生产责任落到实处。

2016年7月16日，国务院印发《关于推进安全生产领域改革发展的意见》再次提出了"严格落实企业主体责任。建立企业全过程安全生产和职业健康管理制度，做到安全生产、管理、投入、培训和应急救援'五到位'"。

2017年10月10日，国务院安委办《关于全面加强企业全员安全生产责任制工作的通知》要求"全面落实企业安全生产主体责任"，建立安全生产工作"层层负责、人人有责、各负其责"的工作体系。

2018年4月8日，国务院办公厅印发《地方党政领导干部安全生产责任制规定》，要求各级地方政府领导干部落实安全生产责任，形成全社会齐抓共管的良好局面。

第五节　新时代下的安全生产责任体系

2021年9月1日，《中华人民共和国安全生产法》（以下简称新《安全生产法》）正式实施，全员安全生产责任制是本次修订的一项重要内容，生产经营单位需要建立健全全员安全生产责任制，而主要负责人的安全生产管理职责则明确包括了要健全并落实本单位全员安全生产责任制。新安法的发布也标志着"全员安全生产责任制"时代来临。

此次新《安全生产法》将第二十一条中的"安全生产责任制"修改为"全员安全生产责任制"。"全员"一词的提出通过立法进一步明确了"全员"的概念，是将过往在实践中及各个政策文件中的要求采用法律的形式予以确认和强调。

新《安全生产法》要求生产经营单位应建立全员安全责任制。生产经营单位每一个部门、每一个岗位、每一个员工，都不同程度直接和间接影响着安全生产。安全生产人人都是主角，没有旁观者。这次修改新增了全员安全责任制的规定，就是要把生产经营单位全体员工的积极性和创造性调动起来，形成人人关心安全生产、人人提升安全素质、人人做好安全生产的局面，从而整体上提升安全生产的水平。

近年来的一系列事故警示，生产经营单位的主体责任，需要进一步"责任到人"。既要盯住负责人，也应"建立健全并落实本单位全员安全生产责任制"。新《安全生产法》第五条规定："生产经营单位的主要负责人是本单位安全生产第一责任人，对本单位的安全生产工作全面负责。其他负责人对职责范围内的安全生产工作负责。"

"一把手"职责中首次明确"全员安全生产责任制"。新《安全生产法第》二十一条规定：生产经营单位的主要负责人对本单位安全生产工作负有下列职责：（一）建立健全并落实本单位全员安全生产责任制，加强安全生产标准化建设。

新《安全生产法》中对于安全生产责任划分更加明确，增加了"三个必须"的原则，即管行业必须管安全、管业务必须管安全，管生产经营必须管安全。"三个必须"的加入进一步明确了各方面的安全生产责任，建立起了一套比较完善的责任体系。

新《安全生产法》明确企业的决策层和管理层的安全管理职责。我们讲管业务必须管安全，管生产经营必须管安全，这在企业里除了主要负责人是第一责任人以外，其他的副职都要根据分管的业务对安全生产工作负一定的职责，负一定的责任。

这里举一个例子，比如一个企业总部，董事长和总经理是主要负责人，那么他们就是企业安全生产第一责任人。但是还有很多副职，比如分管人力资源的副总经理，对分管领域的安全要负责任。下属企业里面，安全管理团队配备不足，由此导致的事故这个副职是要负责任的。比如分管财务的副总经理，如果下属企业里安全投入不到位，分管财务的副总经理是要承担责任的。这就是管业务必须管安全，管生产经营必须管安全。说到生产，很多企业里面都有管生产的副总经理，这个副总经理不能只抓生产，不顾安全，抓生产的同时必须兼顾安全，抓好安全，否则出了事故以后，管生产的是要负责任的，这就是"三个必须"的核心要义。

同时在如何通过监管角度促进全员安全生产责任制的落实方面，新《安全生产法》扩大了对未履行安全生产管理职责的个人处罚对象的范围，处罚措施也更为严厉。

2014年版的《安全生产法》中对于未履行安全生产管理职责的情况下，对相关个人进行处罚的直接处罚对象主要是生产经营单位的主要负责人。而新《安全生产法》，则将直接处罚对象明确扩大到了生产经营单位的其他负责人、安全生产管理人员、全体从业人员，除主要负责人以外的其他负责人、管理人员也可能直接面临罚款处罚。

第六节 油气管道行业安全生产责任体系建设背景及发展

一、油气管道行业安全生产责任体系建设背景

跨入21世纪以来，我国油气管道建设取得了长足进步，但多起管道事故暴露出管道安全治理体系和治理能力还存在一些问题。如何保障油气管道安全可靠，避免恶性事故发生，仍面临一系列难题和挑战。

管道运输对于石油和天然气来说是一种最为经济合理的运输方式。但因石油和天然气都含有有毒性物质，又易燃易爆，在输送过程中又是高能高压且管网点多线长、环境复杂等特点，所以对安全性要求也越来越高。针对地形和环境也提出了高后果区等风险因素来识别和重视天然气管道的安全问题，油气管道的安全既影响管道的安全正常运输、企业及居民的安全供气，又威胁人民群众生命安全和生活环境。油气管道行业安全治理体系和治理能力建设既有安全行业的通用特性，也有一些自身特点，总的来说主要有四个方面：

（1）油气管道输送高压易燃易爆介质，存在一定的安全风险，一旦发生泄漏容易演化为

火灾、爆炸、环境污染等事故,将会对周边人员和环境产生较大危害。以青岛"11·22"原油管道泄漏爆炸特别重大事故为例,管线因腐蚀破裂,造成约2000t原油泄漏流入排水暗渠,处置过程中发生爆炸,共造成63人死亡、136人受伤,直接经济损失7亿多元(图2-1)。

图2-1 青岛"11·22"原油管道泄漏爆炸事故现场

(2)随着管道建设和城市建设的推进,管道周边出现越来越多的人口密集型高后果区,势必会增大公共安全风险,需要对风险不断识别和评价,采取各种风险消减措施,将风险控制在合理、可接受范围内。

(3)我国现有70%的石油和99%的天然气通过管道输送,一旦管道失效中断供应,将直接危及国家能源安全,影响人民群众正常生产生活秩序。保障油气管道安全可靠输送是国家能源安全体系的重要组成部分。

(4)当前我国油气管道安全治理还存在一些薄弱环节,主要表现在:职工队伍的安全素质参差不齐;安全保障技术体系还不健全;应急响应和救援体系建设存在明显短板;市场手段和社会力量参与程度不够;管道全生命周期的风险防控体系尚需进一步完善;以工业互联网为代表的数字化和智能化技术应用不足等。

解决上述问题的根本措施是,扎实推进管道企业安全生产治理体系和治理能力现代化,落实安全生产责任。上述措施对于提升油气管道本质安全水平,有效化解重大安全风险,坚决遏制重特大事故具有重要作用,也是保障管道从业人员和沿线群众的生命安全健康,实现油气管道行业安全发展、高质量发展的内在需求。

二、油气管道行业安全生产责任体系发展历程

油气管道行业安全生产治理体系建设的基础在于建立安全生产责任体系,也就是持续建立、健全安全生产责任落实。从企业主要负责人到一线岗位员工覆盖所有管理和操作岗位,明确承担的安全生产责任,做到"人人有责、人人明责、人人担责,党政同责、一岗双责、齐抓共管、失职追责",完善安全生产责任制规定,健全安全生产责任体系。按照"管行业必须管安全、管业务必须管安全、管生产经营必须管安全"和"谁主管谁负责"的要求,对安全生产工作进行全面考核,实行过程考核与结果考核相结合,健全安全生产工作考核结果与履职评定、职务晋升、奖励惩处挂钩制度,严格落实安全生产"一票否决"制度。

纵观我国油气管道行业安全生产责任体系的发展历程,始终追随着国家关于安全生产的主要方向,相继出台多部法律法规、政策文件推动安全生产责任体系构建。

《石油天然气管道保护条例》中指出:"企业应当建立健全管道保护规章制度,明确各级管理人员和员工在管道保护工作中的职责。"《石油天然气管道安全条例》指出:"管道企业应建立健全安全生产责任制,明确安全生产目标和措施,确保安全生产工作的有效实施。"此条款确立了企业在管道保护中的主体责任,要求企业不仅要有制度保障,还要明确各级人员的具体职责,确保管道安全生产的各项措施得到落实。

《关于深化油气管道安全生产责任制落实的意见》中要求:"各级政府应当加强对油气管道安全生产工作的组织领导,协调解决重大安全生产问题。"此条款突出了政府在油气管道安全生产中的监管和协调作用,要求政府不仅要制定政策,还要积极参与并解决安全生产中的实际问题。

《油气输送管道完整性管理规范》要求:"管道企业应建立并落实管道完整性管理责任制,明确各级、各岗位的管道完整性管理职责和工作内容。"

《关于加强油气管道安全监管工作的指导意见》提出:"各级油气管道保护工作部门要督促管道企业建立健全并落实安全生产责任制,强化安全生产管理,确保管道运行安全。"

国务院发布的《关于进一步加强石油天然气管道保护工作的通知》中明确指出:"各级政府和管道企业应强化安全生产责任落实,完善安全生产责任体系,确保管道安全运行。"

《油气管道建设项目安全监管办法》提出:"油气管道建设项目应明确安全生产责任主体,建立健全安全生产责任制,确保项目安全顺利进行。"

《石油行业管道储运安全生产标准化评分办法》中也将企业领导的安全生产责任建立及落实以及企业全员安全生产责任体系的构建作为重要的评分要素。要求领导、部门和基层岗位建立、健全安全生产责任制。要求企业应成立HSE委员会,设置HSE管理部门,基层单位建立HSE领导小组,制定HSE责任制,明确各级领导、职能部门和岗位的HSE职责。《油气管道安全风险分级管控和隐患排查治理双重预防机制管理办法》中同样要求"管道企业应建立安全风险分级管控和隐患排查治理责任体系,明确各级管理人员和操作人员的职责"。

第三章
安全生产责任体系相关法律及规定解读

我国于 2002 年公布施行《安全生产法》，曾于 2009 年、2014 年和 2021 年三次修正。与消防、交通等专门性安全生产法律相比，《安全生产法》是我国安全生产领域的基础性、综合性法律，对依法加强安全生产工作，预防和减少生产安全事故，保障人民群众生命财产安全，具有重要法治保障作用。

安全生产责任体系是保证企业安全生产，满足社会责任要求的重要工具。为了帮助企业更好地建立和实施安全生产责任体系，国家和行业都出台了一系列相关的标准和规定。下面，将对这些标准和规定进行精要解读。

第一节　安全生产责任体系的法定内容

安全生产责任体系的核心是明确安全管理的责任界面，解决"谁来管、管什么，怎么管，承担什么责任"的问题，其中安全生产责任制是生产经营单位安全生产制度建立的基础。其他的安全生产规章制度，重点解决"干什么，怎么干"的问题。

2021 年新《安全生产法》将责任人员、责任范围和考核标准规定为全员安全生产责任制的法定内容。这就意味着各类企业全员安全生产责任制的基本内容或主要内容必须满足法律的强制性规定，凡是不依法制定全员安全生产责任制的，即为违法并应受处罚。

一、责任主体

责任主体是指依法负有安全生产责任义务的生产经营单位及其从业人员，即责任人员。2002 年、2014 年《安全生产法》之所以没有规定"全员"安全生产责任制，主要原因是该法第三章中"从业人员"的范畴，即指企业的"全员"。由于法律没有明确责任主体为"全员"，因此在法律执行及企业理解上出现了一些误解和偏差：有的企业人员认为安全生产责任是"头儿"的事，有的一线员工不关心、不重视安全生产，有的安全生产责任制的责任人员非"全员"。因而"三违"屡禁不绝，事故频发。为了提升企业从业人员的安全意识、责任意识，营造企业人人重视、人人有责、人人保安全的氛围，需要把企业安全生产责任明确并落实到每个员工。

二、责任范围

企业"全员"安全生产责任，虽因其职位、责任的差异而有所不同但应以岗定责，有岗必有责，不漏一岗、不落一人，全体从业人员应当各有其责、各负其责、齐抓共管。

企业主要负责人作为第一责任人，对本企业的安全生产工作负总责、负全面行政领导责任、负第一位法律责任，如有违法行为，将承担相应的法律责任。2021年新《安全生产法》第二十一条规定生产经营单位主要负责人对本单位安全生产工作的法定职责是：

（1）建立健全本单位安全生产责任制，加强安全生产标准化建设；

（2）组织制定本单位安全生产规章制度和操作规程；

（3）组织制定并实施本单位安全生产教育和培训计划；

（4）保证本单位安全生产投入的有效实施；

（5）组织建立并落实安全风险分级管控和隐患排查治理双重预防工作机制，督促、检查本单位的安全生产工作，及时消除生产安全事故隐患；

（6）组织制定并实施本单位的生产安全事故应急救援预案；

（7）及时、如实报告生产安全事故。

企业分管安全生产工作的负责人是企业安全生产工作专职负责人，其职责是协助主要负责人全面分解、细化、落实其法定职责，负责企业日常安全生产工作，实行一岗一责、一岗专责，不实行一岗双责。2021年新《安全生产法》规定企业其他负责人对职责范围内的安全生产工作负责，因此也要明确本职工作相关的安全生产工作职责，实行一岗双责。鉴于企业专职安全管理人员实行一岗专责，2021年新《安全生产法》第二十五条规定生产经营单位安全管理机构以及安全管理人员的法定职责是：

（1）组织或者参与拟订本单位安全生产规章制度、操作规程和生产安全事故应急救援预案；

（2）组织或者参与本单位安全生产教育和培训，如实记录安全生产教育和培训情况；

（3）组织开展危险源辨识和评估，督促落实本单位重大危险源的安全管理措施；

（4）组织或者参与本单位应急救援演练；

（5）检查本单位的安全生产状况，及时排查生产安全事故隐患，提出改进安全管理的建议；

（6）制止和纠正违章指挥、强令冒险作业、违反操作规程的行为；

（7）督促落实本单位安全生产整改措施。

第二十六条要求生产经营单位的安全管理机构以及安全管理人员应当恪尽职守，依法履行职责；生产经营单位作出涉及安全生产的经营决策，应当听取安全管理机构以及安全管理人员的意见；生产经营单位不得因安全管理人员依法履行职责而降低其工资、福利等待遇或者解除与其订立的劳动合同。企业其他管理人员也应结合本职工作明确其安全生产工作职责，实行一岗双责。

企业作业人员应当按照本岗位、本工种的工作性质、工作任务明确各自的安全责任，也可以在相关工作、管理制度和操作规程中加以明确。不直接从事一线工作作业的从业人员，也要增强关注安全、关爱生命的安全意识，践行安全责任。

三、考核标准

全员安全生产责任能否责任到人、落实到位，关键是能否制定一套科学严格的考核标准。考核标准是衡量全员安全生产责任制是否健全、落地的一把尺子。这把尺子是否严密、精准、可操作，对于全员安全生产责任制能否落实至关重要。

2021年新《安全生产法》第二十一条要求企业主要负责人"加强安全生产标准化建

设",全员安全生产责任制也应实现标准化。安全生产工作标准是考核从业人员安全生产工作的尺度,全员安全生产责任制考核标准是其重要组成部分。全员安全生产责任制考核标准一般应包括考核指导思想及原则、考核组织人员及其职责、考核对象、考核依据、考核内容、考核方式方法、考核程序、考核时序频次、考核结果评价、考核结果与绩效奖惩、问题整改意见建议等,需要建立适合企业特点的考核工作专班、工作机制和制度规范,加强日常考核、保证落实到位。

四、持续完善

全员安全生产责任制能否切实落地,不仅是要建立全员安全生产责任制,更重要的是持续不断地健全完善,使其不断地与时俱进。建立健全全员安全生产责任制,"建立"只是第一步,接下来要做的是进一步提升完善,可以从以下三个方面考虑:

(1) 解决安全责任的清晰明确问题。

(2) 接受实践的检验。

(3) 根据监管政策、企业业务变化和应对风险的需要,"健全"完善,移改、消除原有责任制的缺陷,使安全责任更加合理、精准有效。

建立与健全是一个持续渐进、不断深化的过程。企业不仅要重视责任制的建立,更要重视健全完善这项制度,进而实现企业安全管理的科学化、制度化、规范化,织密安全责任网。

第二节 新《安全生产法》解读

一、新《安全生产法》修订内容解读

在国家层面,我国出台了《安全生产法》《企业安全生产责任制实施办法》等相关法律法规,明确了企业应当承担的安全生产责任,提出了建立安全生产责任体系的要求。

《安全生产法》是我国安全生产的基本法,它明确了企业的安全生产责任,规定了企业应当采取的安全生产措施,包括设立安全生产机构,配备专职安全管理人员,制定安全生产规章制度,开展安全生产教育培训,进行安全风险评估和控制等。《全国人民代表大会常务委员会关于修改<中华人民共和国安全生产法>的决定》已由中华人民共和国第十三届全国人民代表大会常务委员会第二十九次会议于2021年6月10日通过,自2021年9月1日起施行。这次修改决定一共42条,大约占原来条款的1/3,主要包括以下几个方面的内容:

1. 贯彻新思想、新理念

将习近平总书记关于安全生产工作一系列重要指示批示的精神转化为法律规定,增加了安全生产工作坚持人民至上、生命至上,树牢安全发展理念,从源头上防范化解重大安全风险等规定,为统筹发展和安全两件大事提供了坚强的法治保障。

2. 落实中央决策部署

这次修改深入贯彻中央文件的精神,增加规定了重大事故隐患排查治理情况的报告、高危行业领域强制实施安全生产责任保险、安全生产公益诉讼等重要制度。

3. 健全安全生产责任体系

(1) 强化党委和政府的领导责任。这次修改明确了安全生产工作坚持党的领导,要求

各级人民政府加强安全生产基础设施建设和安全生产监管能力建设，所需经费列入本级预算。（2）明确了各有关部门的监管职责。规定安全生产工作实行"管行业必须管安全、管业务必须管安全、管生产经营必须管安全"。同时，对新兴行业、领域的安全生产监管职责，如果不太明确，法律规定了由县级以上地方人民政府按照业务相近的原则确定监管部门。（3）压实生产经营单位的主体责任，明确了生产经营单位的主要负责人是本单位的安全生产第一责任人。同时，要求各类生产经营单位落实全员安全生产责任制、安全风险分级管控和隐患排查治理双重预防机制，加强安全生产标准化建设，切实提高安全生产水平。

4. 强化新问题、新风险的防范应对

深刻汲取近年来的事故教训，对生产安全事故中暴露的新问题作了针对性规定。比如，要求餐饮行业使用燃气的生产经营单位要安装可燃气体报警装置，并且保障其正常使用；要求高危行业施工单位加强安全管理，不得非法转让施工的资质，不得违法分包、转包；还比如要求承担安全评价的一些机构实施报告公开制度，不得租借资质、挂靠、出具虚假报告。同时，对于新业态、新模式产生的新风险，也强调了应当建立健全并落实安全责任制，加强从业人员的教育和培训，履行法定的安全生产义务。

5. 加大对违法行为的惩处力度

第一，罚款金额更高。现在对特别重大事故的罚款，最高可以达到1亿元的罚款。第二，处罚方式更严，违法行为一经发现，即责令整改并处罚款，拒不整改的，责令停产停业整改整顿，并且可以按日连续计罚。第三，惩戒力度更大。采取联合惩戒方式，最严重的要进行行业或者职业禁入等联合惩戒措施。通过"利剑高悬"，有效打击震慑违法企业，保障守法企业的合法权益。

6. 处罚项更改内容

1）联合惩戒方式

新安法对于安全评价、认证、检测等中介机构违法行为的罚款力度增加，同时采用了联合惩戒方式，即对"机构及其直接责任人员，吊销其相应资质和资格，五年内不得从事安全评价、认证、检测、检验等工作；情节严重的，实行终身行业和职业禁入。"

对于严重违法被关闭的生产经营单位主要负责人，也是加重罚款数额的基础上，实施行业禁入，"五年内不得担任任何生产经营单位的主要负责人；情节严重的，终身不得担任本行业生产经营单位的主要负责人"。

2）新增处罚事项

新《安全生产法》新增一些处罚事项，如第九十七条，未按照规定配备注册安全工程师的；第九十九条"关闭、破坏直接关系生产安全的监控、报警、防护、救生设备、设施，或者篡改、隐瞒、销毁其相关数据、信息的""餐饮等行业的生产经营单位使用燃气未安装可燃气体报警装置的"。第一百零一条，未对重大危险源定期检测的及在风险预控和隐患排查双重预控中的违法事实；第一百零三条高危行业在施工项目安全管理方面的违法现象；第一百零七条，不落实岗位安全责任；第一百零九条，高危行业未投保安全生产责任险等。

3）罚款金额更高

新安法普遍大幅度提高了罚款数额，罚款由现行法规定的20万元至2000万元，提高至30万元至1亿元，对单位主要负责人的事故罚款数额由年收入的30%至80%，提高至40%至100%。粗算有8处罚款增加1倍以上，只有第一百零二条取消了发现事故隐患未整改的对于单位的罚款，增加了对于造成隐患责任人的处罚数额。

4) 违法行为以后直接处罚

将原安法中大量的逾期未改正、拒不执行以及可以处的罚款前提全部改为违法行为发生以后直接罚款，粗算共有八处这样的表述；同时新增的四处违法罚款也是发现违法事实后的直接罚款。至此，《安全生产法》规定的违法行为发生以后，全部是在要求整改的同时，直接处以罚款。而不是以逾期未整改等前提，也没有"可以""不可以"的选择项。

5) 未整改的连续计罚

对于违法行为新安法采取了更加严格的整改要求，对于违法后拒不整改的，可以责令停产停业整顿，并且可以按日连续计罚。

新《安全生产法》进一步要求了企业安全生产责任的内容和实施方式，规定了企业应当建立和完善的安全生产责任体系，包括安全生产责任的明确分配、安全生产监督检查、安全生产奖惩机制、安全生产教育培训等。

二、新《安全生产法》部分条款解读

(1) 落实"三个必须"原则，即管行业必须管安全、管业务必须管完全、管生产经营必须管安全。

【原文】交通运输、住房和城乡建设、水利、民航等有关部门依照本法和其他有关法律、行政法规的规定，在各自的职责范围内对有关行业、领域的安全生产工作实施监督管理。

【解读】对于这些行业领域的主管部门，新安法明确要求其主管业务和生产经营活动的时候，必须管安全。

【原文】生产经营单位的主要负责人是本单位安全生产第一责任人，对本单位的安全生产工作全面负责。其他负责人对职责范围内的安全生产工作负责。

【解读】企业中除了主要负责人是第一负责人以外，其他的副职都要根据分管的业务对安全生产工作负有一定的责任。分管人力资源的副总经理，对分管领域的安全要负责任。下属企业里面，安全管理团队配备不到位，由此导致的事故这个副职要负责任。分管财务的副总经理，如果下属企业里安全投入不到位，分管财务的副总经理要承担责任。其他副职也诸如此类。

"三个必须"是我们国家安全生产管理体系中分工负责的原则。也就是按照党政同责、一岗双责、齐抓共管的原则落实安全管理责任，要求各行业、各领域、各部门及其所有人员都要对自己工作职责范围内的安全生产负责。

(2) 部门职责的划分。

【原文】县级以上各级人民政府应当组织负有安全生产监督管理职责的部门依法编制安全生产权力和责任清单。

【解读】由于我国管理体制的复杂性和体制改革的不断进展，部门之间具体明确的分工很难。因此规定，由县级以上地方各级人民政府按照业务相近的原则确定监督管理部门，防止部门之间因为相互推责而形成的安全监管盲区。

(3) 全员责任制。

【原文】生产经营单位的全员安全生产责任制应当明确各岗位的责任人员、责任范围和考核标准等内容。

【解读】生产经营单位实施全员安全责任制，每一个部门、每一个岗位、每一个员工都不同程度直接或间接影响安全生产。安全生产人人都是主角，没有旁观者。这次修改新增全员安全责任制的规定，就是要把生产经营单位全体员工的积极性和创造性调动起来，形成人人关心安全生产、人人提升安全素质、人人做好安全生产的局面，从而整体提升安全生产水平。全员的安全责任制已经作为法律的强制性，企业每一个人都有安全的法律责任，并且要明确具体的责任和考核标准，对于落实情况进行严格的监督考核。

第三节 《企业安全生产责任体系五落实五到位规定》解读

为深入贯彻落实习近平总书记关于安全生产工作的重要论述精神，全面贯彻落实新《安全生产法》，进一步健全安全生产责任体系，强化企业安全生产主体责任落实，国家安全监管总局制定了《企业安全生产责任体系五落实五到位规定》。

【原文】必须落实"党政同责"要求，董事长、党组织书记、总经理对本企业安全生产工作共同承担领导责任。

【解读】企业的安全生产工作能不能做好，关键在于主要负责人。实践也表明，凡是企业主要负责人高度重视的、亲自动手抓的，安全生产工作就能够得到切实有效的加强和改进，反之就不可能搞好。因此，必须明确企业主要负责人的安全生产责任，促使其高度重视安全生产工作，保证企业安全生产工作有人统一部署、指挥、推动、督促。

企业中的基层党组织是党在企业中的战斗堡垒，承担着引导和监督企业遵守国家法律法规，参与企业重大问题决策、团结凝聚职工群众、维护各方合法权益、促进企业健康发展的重要职责。习近平总书记强调要落实安全生产"党政同责"；党委要管大事，发展是大事，安全生产也是大事；党政一把手必须亲力亲为、亲自动手抓。因此，各类企业必须要落实"党政同责"的要求，党组织书记要和董事长、总经理共同对本企业的安全生产工作承担领导责任，也要抓安全、管安全，发生事故要依法依规一并追责。

【原文】必须落实安全生产"一岗双责"，所有领导班子成员对分管范围内安全生产工作承担相应职责。

【解读】安全生产工作是企业管理工作的重要内容，涉及企业生产经营活动的各个方面、各个环节、各个岗位。安全生产人人有责、各负其责，这是做好企业安全生产工作的重要基础。抓好安全生产工作，企业必须要按照"一岗双责""管业务必须管安全、管生产经营必须管安全"的原则，建立健全覆盖所有管理和操作岗位的安全生产责任制，明确企业所有人员在安全生产方面所应承担的职责，并建立配套的考核机制，确保责任制落实到位。

企业领导班子成员中，主要负责人要对安全生产负总责，其他班子成员也必须落实安全生产"一岗双责"，既要对具体分管业务工作负责，也要对分管领域内的安全生产工作负责，始终做到把安全生产与其他业务工作同研究、同部署、同督促、同检查、同考核、同问责，真正做到"两手抓、两手硬"。这也是习近平总书记重要讲话所要求的，是增强各级领导干部责任意识的需要。所有领导干部，不管在什么岗位、分管什么工作，都必须在做好本职工作的同时，担负起相应的安全生产工作责任。

【原文】必须落实安全生产组织领导机构，成立安全生产委员会，由董事长或总经理担任主任。

【解读】企业安全生产工作涉及各个部门，协调任务重，难以由一个部门单独承担。因此，企业要成立安全生产委员会来加强对安全生产工作的统一领导和组织协调。企业安全生产委员会一般由企业主要负责人、分管负责人和各职能部门负责人组成，主要职责是定期分析企业安全生产形势，统筹、指导、督促企业安全生产工作，研究、协调、解决安全生产重大问题。安全生产委员会主任必须要由企业主要负责人（董事长或总经理）来担任，这有助于提高安全生产工作的执行力，有助于促进安全生产与企业其他各项工作的同步协调进行，有助于提高安全生产工作的决策效率。另外，主要负责人担任安全生产委员会主任，也体现了对安全生产工作的重视，体现了对企业职工的感情，体现了勇于担当、敢于负责的精神。

【原文】必须落实安全管理力量，依法设置安全生产管理机构，配齐配强注册安全工程师等专业安全管理人员。

【解读】落实企业安全生产主体责任，需要企业内部组织架构和人员配备上对安全生产工作予以保障。安全生产管理机构和安全生产管理人员，是企业开展安全生产管理工作的具体执行者，在企业安全生产中发挥着不可或缺的作用。分析近年来发生的事故，企业没有设置相应的安全生产管理机构或者配备必要的安全生产管理人员，是重要原因之一。因此，对一些危险性较大行业的企业或者从业人员较多的企业，必须设置专门从事安全生产管理的机构或配置专职安全生产管理人员，确保企业日常安全生产工作时时有人抓、事事有人管。

【原文】必须落实安全生产报告制度，定期向董事会、业绩考核部门报告安全生产情况，并向社会公示。

【解读】企业安全生产责任制建立后，还必须建立相应的监督考核机制，强化安全生产目标管理，细化绩效考核标准，并严格履职考核和责任追究，来确保责任制的有效落实。安全生产报告制度，是监督考核机制的重要内容。安全生产管理机构或专职安全生产管理人员要定期对企业安全生产情况进行监督考核，定期向董事会、业绩考核部门报告考核结果，并与业绩考核和奖惩、晋升制度挂钩。报告主要包括企业安全生产总体状况、安全生产责任制落实情况、隐患排查治理情况等内容。

【原文】必须做到安全责任到位、安全投入到位、安全培训到位、安全管理到位、应急救援到位。

【解读】企业要保障生产经营建设活动安全进行，必须在安全生产责任制度和管理制度、生产经营设施设备、人员素质、采用的工艺技术等方面达到相应的要求，具备必要的安全生产条件。从实际情况看，许多事故发生的重要原因就是企业不具备基本的安全生产条件，为追求经济利益，冒险蛮干、违规违章，甚至非法违法生产经营建设。"五个到位"的要求在相关法律法规、规章标准中都有具体规定，是企业保障安全生产的前提和基础，是企业安全生产基层、基础、基本功"三基"建设的本质要求，必须认真落实到位。

第四节 《关于全面加强企业全员安全生产责任制工作的通知》解读

一、《关于全面加强企业全员安全生产责任制工作的通知》出台的必要性

（1）《关于全面加强企业全员安全生产责任制工作的通知》（以下简称"《通知》"）是贯彻落实《中共中央 国务院关于推进安全生产领域改革发展的意见》有关要求的具体措施。

《中共中央 国务院关于推进安全生产领域改革发展的意见》是新中国成立后，第一次

以中共中央、国务院名义印发的安全生产方面的文件，是当前和今后一个时期指导我国安全生产工作的行动纲领。其中，第二部分"健全落实安全生产责任制"中明确提出：要严格落实企业主体责任。企业实行全员安全生产责任制度，法定代表人和实际控制人同为第一责任人，主要技术负责人负有安全生产技术决策和指挥权，强化部门安全生产职责，落实一岗双责。为贯彻落实中央文件精神，《通知》对企业如何建立健全全员安全生产责任制、负有安全生产监督管理职责的部门如何指导督促、整体推动企业全员安全生产责任制提出了明确要求，为企业实行全员安全生产责任制度提供了重要指导。

（2）《通知》是坚持目标导向和问题导向的有机统一体。

到 2020 年，我国实现了全面建成小康社会的目标。安全生产工作要实现与全面建成小康社会相适应，必须全力控制生产安全事故总量，全力遏制重特大事故的频繁发生，使广大人民群众切实感受到安全生产环境的改善和安全感的提高。为此，必须牢牢扭住安全生产企业主体责任这个"牛鼻子"，将责任体系进一步明确到每个岗位、每个人，实现全员安全生产责任制，才能真正实现责任制的作用，从根本上防止和减少生产安全事故。

统计表明，90%的生产安全事故都是由企业违法违规生产经营建设所致。其中，因安全生产责任落实不到位引发的生产安全事故又占到了相当大的比例。如 2016 年发生的江西丰城发电厂"11·24"坍塌特别重大事故，调查报告显示，事故责任单位河北亿能公司未建立安全生产"一岗双责"责任体系，安全教育培训不扎实，安全技术交底不认真，未组织全员交底；中南电力设计院管理层安全生产意识薄弱，安全生产管理机制不健全，部分管理人员无证上岗；丰城三期发电厂工程建设指挥部成员无明确分工，也未对有关部门和人员确定工作职责。上述问题或隐患都属于安全生产责任制落实不到位的范畴。事故血的教训必须牢牢记取，必须建立健全涵盖本企业领导岗位、全部职能部门和所有管理及操作岗位的安全生产责任制，制定全员安全生产责任清单，明确各岗位的责任人员、责任范围、考核标准、奖惩办法等内容，建立健全安全生产责任体系，夯实安全生产基础，防范和遏制重特大事故发生。

（3）《通知》是推动企业落实主体责任的有力抓手。

企业是生产的主体、内因和根本，企业的安全生产状况关系到安全生产大局，安全生产整体水平的提升出发点和落脚点也都在企业。安全生产工作能否长治久安，关键看安全生产主体责任能否落实到位。企业安全生产主体责任是国家有关安全生产的法律、法规要求企业在安全生产保障方面应当执行的有关规定、应当履行的工作职责、应当具备的安全生产条件、应当执行的行业标准、应当承担的法律责任。落实企业主体责任，需要夯实从主要负责人到基层一线员工的安全责任，建立健全全员安全责任制。只有明确责任体系划分，真正建立安全生产工作"层层负责、人人有责、各负其责"的工作体系并实现有效运转，才能真正解决好安全责任传递"上热、中温、下凉"问题，才能从源头上减少一线从业人员三违现象，从而有效降低因人为造成的生产安全事故的发生，维护好广大从业人员的生命安全和职业健康。

二、突出工作重点，明确两方面的工作任务

《通知》紧紧围绕全员安全生产责任制，明确了企业在建立健全企业全员安全生产责任制方面的主体责任和负有安全生产监督管理职责部门在监督检查方面的工作任务。

（1）企业要依法依规制定完善全员安全生产责任制。

① 一是明确了企业主要负责人负责建立、健全企业的全员安全生产责任制。这里的主要负责人，按照《中共中央 国务院关于推进安全生产领域改革发展的意见》中的要求，既包括法定代表人，又包括实际控制人，二者同为安全生产第一责任人。由于企业主要负责人在企业中处于决策者和领导者的地位，能够调动各方资源，协调各方关系，而全员安全生产责任制涉及生产经营单位的各个岗位和全体人员，需要进行统一部署和推动。因此，抓住了生产经营单位的主要负责人，就抓住了问题的核心和关键。

② 二是提出了制定完善全员安全生产责任制的标准。即企业要按照《安全生产法》《职业病防治法》等法律法规规定，参照《企业安全生产标准化基本规范》（GB/T 33000—2016）和《企业安全生产责任体系五落实五到位规定》（安监总办〔2015〕27 号）等有关要求，结合企业自身实际，制定企业全员安全责任制。

③ 三是明确了全员安全生产责任制的涵盖范围。企业要建立、健全从主要负责人到一线从业人员（含劳务派遣人员、实习学生等）的安全生产责任、责任范围和考核标准。安全生产责任制应覆盖本企业所有组织和岗位，其责任内容、范围、考核标准要简明扼要、清晰明确、便于操作、适时更新。考虑到不少企业基层一线从业人员的实际，为便于操作，《通知》要求，针对企业一线从业人员的安全生产责任制，要力求通俗易懂。

④ 四是提出了落实企业全员安全责任制的公示、教育培训和考核管理等配套措施的要求。

在公示方面，要求在合适的位置进行长期公示，公示的内容为：所有层级、所有岗位的安全生产责任、安全生产责任范围、安全生产责任考核标准等。公示的主要目的是让企业的每一名从业人员都清楚地知道自身在安全生产方面的责任、范围，真正做安全生产工作的"明白人"，同时便于互相监督。

在教育培训方面，《通知》要求列入年度教育培训计划并明确专人负责教育培训工作，通过自行组织或委托具备培训条件的中介服务机构来实施。根据《安全培训机构基本条件》（AQ/T 8011—2016）标准要求，从事自主安全培训活动的生产经营单位需要具备"配备 3 名以上专职的安全培训管理人员；有健全的培训管理组织，能够开展培训需求调研、培训策划设计，有学员考核、培训登记、档案管理、过程控制、经费管理、后勤保障等制度，并建立相应工作台账；具有熟悉安全培训教学规律、掌握安全生产相关知识和技能的师资力量，专（兼）职师资应当在本专业领域具有 5 年以上的实践经验；具有完善的教学评估考核机制，确保培训有效实施；有固定、独立和相对集中并且能够同时满足 60 人以上规模培训需要的教学及后勤保障设施"等 5 个方面的基本条件。不具备安全培训条件的生产经营单位，应当委托具有安全培训条件的机构对从业人员进行安全培训。但需要注意的是，生产经营单位委托其他机构进行安全培训的，保证安全培训的责任仍由本单位负责。

在考核管理方面，要求企业对全员安全责任制落实情况进行考核管理，通过建章立制、完善绩效考核等方式将全员安全责任制落到实处，不断激发全员参与安全生产工作的积极性和创造性，同时为营造良好的安全文化氛围打下良好的基础。

（2）负有安全生产监督管理职责的部门要加强对企业全员安全生产责任制的监督检查。

① 一是明确了相关部门对企业全员安全生产责任制监督检查的主要内容。按照"管行业必须管安全、管业务必须管安全、管生产经营必须管安全"和"谁主管、谁负责"的要求，地方各级负有安全生产监督管理职责的部门要重点加强对企业建立安全生产全员责任制

情况、公示情况、教育培训情况、考核情况等四个方面的内容进行重点检查。

② 二是强化监督检查和依法处罚。要求地方各级负有安全生产监督管理职责的部门要把企业建立和落实全员安全生产责任制情况纳入年度执法计划，按计划进行检查。考虑到《通知》中不能设立行政处罚，对于企业落实全员安全生产责任制不力的问题，相关职能部门可依照《安全生产法》《职业病防治法》等相关法律法规予以处罚。同时，加大信用惩戒力度，对因拒不落实企业全员安全生产责任制而造成严重后果的，要纳入安全生产"黑名单"进行管理和联合惩戒。

三、加强工作保障，确保《通知》落到实处

为增强企业全员安全生产责任制的实施效果，《通知》提出了三方面的工作要求：

（1）一是加强分类指导。《通知》提出要发挥地方各级安全生产委员会及其办公室指导督促作用，推动相关行业领域的企业结合实际制定全员安全责任制。

（2）二是注重典型引路。国务院安委会办公室将根据全员安全责任制的实施情况，适时遴选一批典型经验在全国进行推广。鼓励地方各级安委会通过典型引领、对标整改等方式，整体推动企业全员安全责任制落到实处。

（3）三是营造氛围。《通知》要求各级负有安全生产监督管理职责部门要进一步强化宣传力度，工会、共青团、妇联等部门要积极参与，强化监督，形成工作合力，营造从"要我安全"到"我要安全""我会安全"良好的安全舆论氛围，促进企业进一步提升安全生产管理水平。

第五节 安全生产责任体系的违法责任

既然全员安全生产责任体系是以企业从业人员岗位职责为主的法律体系，那么它必然具有法定权利、义务、责任的统一性。换言之，企业未依法建立健全和落实全员安全生产责任制即构成违法，国家执法机关会对违法企业及其违法人员的行为予以法律制裁。

一、全员安全生产责任体系的违法主体

建立健全全员安全生产责任制是强制性的法定义务，不履行义务的违法主体有两个。
（1）企业整体作为一个违法主体；
（2）企业"全员"中的任何一员。
也就是说，将受法律追究的违法主体包括违法企业及其违法从业人员，但主要是后者。

二、全员安全生产责任制违法行为

追究企业及其从业人员法律责任必须行为法定，即犯有法律法规明文列举的相关违法行为，企业及其从业人员将受到处罚。从广义上说，凡是安全生产法律、法规、规章一般性规定企业及其从业人员未履行其建立健全全员安全生产责任制的违法行为，均应受法律制裁。从狭义上说只有安全生产法律、法规、规章专门规定企业及其从业人员未履行其建立健全全员安全生产责任制的违法行为，方可予以法律制裁。按照相关法律，生产经营单位相关人员有以下违法行为须接受法律制裁。
（1）生产经营单位的主要负责人、其他负责人和安全管理人员未履行相关法律规定的

安全管理职责的；

（2）生产经营单位的从业人员不落实岗位安全责任，不服从管理，违反安全生产规章制度或者操作规程的；

（3）生产经营单位发生安全事故，调查发现未履行相关法律规定的安全管理职责的。

三、全员安全生产责任制违法行为的法律责任

对全员安全生产责任制违法行为的责任追究有行政责任和刑事责任两种方式，责任主体是企业从业人员。

1. 行政责任

2021年《安全生产法》有关追究企业从业人员行政责任的规定主要包含以下内容。

（1）生产经营单位的主要负责人未履行本法规定的安全管理职责的责令限期改正，处二万元以上五万元以下的罚款；逾期未改正的，处五万元以上十万元以下的罚款，责令生产经营单位停产停业整顿。

（2）生产经营单位的主要负责人未履行本法规定的安全管理职责导致发生生产安全事故的，给予撤职处分；生产经营单位的主要负责人受刑事处罚或撤职处分的，自刑罚执行完毕或受处分之日起，五年内不得担任任何生产经营单位的主要负责人；对重大、特别重大生产安全事故负有责任的，终身不得担任本行业生产经营单位的主要负责人。

（3）生产经营单位的主要负责人未履行本法规定的安全管理职责导致发生生产安全事故的，由应急管理部门依照下列规定处以罚款。

① 发生一般事故的，处上一年年收入百分之四十的罚款。

② 发生较大事故的，处上一年年收入百分之六十的罚款。

③ 发生重大事故的，处上一年年收入百分之八十的罚款。

④ 发生特别重大事故的，处上一年年收入百分之一百的罚款。

（4）生产经营单位的其他负责人和安全管理人员未履行本法规定的安全管理职责的，责令限期改正，处一万元以上三万元以下的罚款；导致发生生产安全事故的，暂停或者撤销其与安全生产有关的资格，并处上一年年收入百分之二十以上百分之五十以下的罚款。

（5）生产经营单位的从业人员不落实岗位安全责任，不服从管理违反安全生产规章制度或者操作规程的，由生产经营单位给予批评教育，依照有关规章制度给予处分。

2. 刑事责任

（1）企业从业人员有下列行为构成犯罪的，依照刑法有关规定追究刑事责任。

（2）生产经营单位的主要负责人未履行本法规定的安全管理职责，导致发生生产安全事故，构成犯罪的。

（3）生产经营单位的其他负责人和安全管理人员未履行本法规定的安全管理职责，构成犯罪的。

（4）生产经营单位的从业人员不落实岗位安全责任，不服从管理，违反安全生产规章制度或者操作规程，构成犯罪的。

依照2020年《中华人民共和国刑法修正案》（十一）的规定，强令、组织他人违章冒险作业或者明知存在重大事故隐患而不排除，仍冒险组织作业，因而发生重大伤亡事故或者造成其他严重后果的，处五年以下有期徒刑或者拘役；情节特别恶劣的，处五年以上有期徒刑。

第四章
安全生产责任体系建设基础

第一节 构建安全生产责任体系的原则

一、"党政同责"原则

中国共产党的领导是中国特色社会主义制度的本质特征。我国社会主义市场经济的性质也决定了企业必须履行其社会责任。各级领导干部必须把人民的生命安全放在首位，担负应有的安全责任。2013年7月，习近平总书记提出落实安全生产责任，要党政同责、一岗双责、齐抓共管。3年后，中共中央关于安全生产改革意见进而提出了要坚持党政同责、一岗双责、齐抓共管、失职追责，完善安全生产责任体系。

党的十八大以前，我国安全生产工作长期实行行政领导责任制，即地方各级政府、部门行政首长负责制及企业行政主要负责人（法定代表人、总经理、厂长等）负责制。安全生产工作被定位、定性为行政工作，没有纳入各级党委、企业党组织的重要工作日程，党及其各级组织对安全生产工作的领导相对弱化。

党的十八大以来，习近平总书记高度重视安全生产工作，并将其纳入党中央的重要工作日程，多次亲自主持召开中央政治局常委会议和中央深改领导小组会议，听取有关安全生产工作的汇报，研究部署相关重大决策，充分体现了以人民为中心的习近平新时代中国特色社会主义思想的核心理念，突破了安全生产工作仅仅是行政工作的固有观念，并明确指出了安全生产工作是各级党组织的重要领导职责，各级地方党组织主要负责人和企业党组织负责人分别是本地方和本单位安全生产工作第一责任人，必须加强党对安全生产工作的领导。为此，2021年《安全生产法》第三条第一款规定："安全生产工作坚持中国共产党的领导。"其将各级地方党组织主要负责人和企业党组织负责人安全生产的责任法律化、制度化。

实行党政同责，各级地方党委和政府领导必须按照中共中央办公厅、国务院办公厅《地方党政领导干部安全生产责任制规定》，改变过去一些地方"末位管安全"的做法，明确地方各级政府一般应由担任本级党委常委的政府领导干部分管安全生产工作；健全完善领导干部安全生产责任制，明确职责边界，知道职责怎么划分、有哪些约束，责任才能落到实处；要以终身负责的态度，消除履职过程中可能存在的侥幸心理，以适应"终身问责"的新要求。实行党政同责，企业党政领导必须做到四个"都要"：

（1）企业党政主要负责人都要高度重视安全生产工作，书记要亲自挂帅，坚持以人为本，坚持人民至上、生命至上，把保护人民生命安全摆在首位，树牢安全发展理念，正确认识并处理好安全与发展、安全与绩效的关系。

（2）企业党政都要将安全生产工作纳入企业党政工作的重要日程，提升位置，加大领导力度。

（3）企业党政领导班子成员都要制定各自的安全生产工作职责，党政一把手应当率先垂范、履职尽责，实行严格的责任业绩考核。

（4）企业党政领导班子成员未履职尽责、违法违纪的，都要问责、同等问责、各追其责。

二、"一岗双责"原则

"一岗双责"实质就是"安全必须与生产统一"的原则，就是体现"安全第一"的原则。"一岗"就是一个领导干部的职务所对应的岗位；"双责"就是一个领导干部既要对所在岗位应当承担的具体业务工作负责，又要对所在岗位应当承担的安全生产责任制负责。落实"一岗双责"的原则主要体现在以下三个方面：

（1）在安全生产管理中要落实"管生产必须管安全"的原则；

（2）管工艺、管技术要考虑工艺安全和技术安全；

（3）遵循"谁主管、谁负责"的原则。

"一岗双责"对各级政府行业分管领导及行业主管部门领导来说，是指无论处于什么岗位，都要对自己所管理的范围、行业内的安全生产工作担负领导责任。在做好本职工作的同时要履行安全职责，既要抓好分管的业务工作，又要以同等的注意力抓好分管行业的安全生产工作，把安全风险防控与业务工作同研究、同规划、同布置、同检查、同考核、同问责，使安全生产工作始终保持应有的管理力度。

"一岗双责"对于企业来说，企业分管安全生产工作负责人、专职安全管理人员属于一岗专责人员。企业其他从业人员虽然不是专门从事安全生产工作，但是其本职工作与安全生产密切相关，属于一岗双责人员。不论是企业一线还是二线的其他从业人员，在做好本职工作的同时，都要明确其安全生产工作职责。一岗双责的原则是以岗定人定责、有岗必须有责、违法违规必究。

企业内部专业分工不应成为压实安全生产责任的壁垒，安全生产工作关联所有人，永远是全员的责任。

三、"齐抓共管"原则

齐抓共管是构建安全生产责任体系的手段。在社会管理层面，各级政府、专业部门、行业协会、生产经营单位中介服务组织等一同参与到管安全的大环境中来，创造安全管理的合力。齐抓共管还是重视企业领导班子、内设管理机构、层级关系之间相互协调、顺畅运行的手段。运用这个手段，可以充分调动企业各方面各类人员的安全意识和积极性，在履行本职安全生产职责、责任的同时，加强沟通协作、协同配合，形成严密的安全管理网。

齐抓共管可以扭转企业安全生产工作仅限于主要负责人、分管负责人和专职安全管理人员等少数人力量不足、作用有限、疲于奔命的现状，克服企业存在的内设机构、相关人员、上下层级之间的职责不清、推诿扯皮、各自为战、互不支持、脱节空白等弊端，发挥企业"全员""全体"管好安全的作用。

四、"三管三必须"原则

2021年6月修正的《安全生产法》对于安全生产责任划分更加明确增加"三管三必须"原则：管行业必须管安全、管业务必须管安全、管生产经营必须管安全。

"三管三必须"中，管行业必须管安全是对行业主管部门说的，管业务必须管安全和管生产经营必须管安全则主要适用于生产经营单位。企业里除了主要负责人是第一责任人以外，其他的副职都要根据分管的业务对安全生产工作负一定的职责和责任。比如分管人力资源的副总经理，若因安全管理团队配备不到位或缺人导致事故，要承担责任；分管财务的副总经理，如果下属企业里安全投入不到位也要承担责任；管生产的副总经理必须兼顾安全、抓好安全，否则出了事故以后，也要负责任。

企业应按照"管业务必须管安全"的原则，在部门职责中明确专业部门对所辖业务的安全管理责任，落实专业安全管理的职责、权限、考核内容，推动专业安全管理。

企业可在安全生产委员会框架下，设立生产、工艺、设备、仪表、电气、工程等专业的安全分委员会，负责研究解决生产、技术、设备、仪表电气、工程等专业领域的安全重大议题。分委员会主任由企业相应业务分管领导担任，办公室设在相应专业（职能）部门。

（1）专业部门要按照职责分工全过程参与新建、改建、扩建等项目的论证、设计、建设、试运行、验收等各个环节，辨识其中的安全风险提出风险管控措施。项目负责部门要组织各专业部门参与项目安全论证对项目工艺路线的安全可行性负责。

（2）生产、工艺、技术等专业部门，按照职责分工对开（停）车、生产运行、生产方案调整等生产过程的安全负责，对生产、工艺管理制度的制（修）订和适宜性负责，对操作规程、工艺参数、工艺交出和开（停）车方案的有效性负责，对新技术应用的安全负责，对专业范围内的风险分级管控与隐患排查治理负责，对所辖业务内发生的变更负责，对所辖业务的承包商安全管理负责，按照权限分工对生产运行、工艺技术等事故事件技术进行调查处理。生产调度对突发事件的应急处置负责。

（3）设备、电气、仪表等专业部门，按照职责分工对设备、动力、电气、仪表、建（构）筑物及安全、消防设备设施的安全稳定运行负责，对设备、电气、仪表设施（包含备用、停用设备）的完好性负责，对专业范围内设备设施的更新、改造、维修、验收等过程负责，对设备、电气、仪表检维修过程中的作业安全负责，强化设备、电气、仪表设施全生命期管理。对专业范围内的风险分级管控与隐患排查治理负责，对租赁和处置资产的安全管理负责，对设备安全管理制度、维护检修规程的制（修）订和适宜性负责，对安全仪表的功能安全有效性负责，对所业务内发生的变更负责，对所辖业务的承包商安全管理负责。按照权限分工对设备、电气、仪表等事故事件进行调查处理。

（4）工程建设管理部门按照职责分工对工程建设项目过程中的安全管理工作负责，对工程建设项目过程中风险评价和管控措施的落实负责对工程建设项目承包商、分包商的资质审查负责，对工程建设项目及其子（分）项目的施工质量和施工安全负责，对工程建设项目承包商、分包商的安全监管负责，对工程建设项目安全管理制度的制（修）订和适宜性负责。按照权限分工对工程建设项目过程中及相关承包商出现的事故事件进行调查处理。

（5）安全管理部门要协助企业主要负责人积极推动企业专业安全管理。加强专业部门安全管理基本原理、方法、程序的培训；汇总收集专业部门提报的相关安全文件、资料，统计分析企业专业安全管理方面的不足，建立并实施专业部门的安全考核机制；指导、协调、组织专业部门开展风险管控、隐患排查、变更管理、事故事件调查等工作。按照权限分工对涉及人身伤害的事故开展调查处理。安全管理人员应学习专业安全知识，鼓励专业技术人员进入专职安全管理队伍。

五、"五同时"原则

该原则最早出现于《国务院关于加强企业生产中安全工作的几项规定》，指"企业单位的各级领导人在管理生产的同时，必须负责管理安全工作，认真贯彻执行国家有关劳动保护的法令和制度，在计划、布置、检查、总结、评比生产的时候，同时计划、布置、检查、总结、评比安全工作"。落实该原则，要求企业的各级领导以及规划发展、生产调度、人事教育、市场营销等部门，将安全工作纳入日常工作中来，把安全工作落实于企业生产经营活动的全过程。

六、"三同步"原则

该原则亦称为"同步协调发展原则"，指"考虑经济发展，进行机制改革、技术改造时，安全生产要与之同时规划，同时组织实施，同时运作投产"。落实"三同步"原则，要求企业的机构、技术、发展要同时规划、实施、运作。

七、"三同时"原则

该原则最早见于1972年6月国务院批转的《国家计委、国家建委关于官厅水库污染情况和解决意见的报告》，"三同时"制度是在我国出台最早的一项环境管理制度。"三同时"原则最早被应用于安全生产管理见于《国家计委、财政部、国家物资总局、国家劳动总局关于加强有计划改善劳动条件工作的联合通知》。2002年实施的《中华人民共和国安全生产法》中，这样描述"三同时"原则："生产经营单位新建、改建、扩建工程项目的安全设施，必须与主体工程同时设计、同时施工、同时投入生产和使用"。"三同时"原则要求企业在设计、施工和验收环节切实采取措施，确保安全设施、污染防治设施与主体工程同时设计、同时施工、同时投入生产和使用，确保生产设施、设备、工艺流程等符合各项安全管理、污染防治标准和技术规范。

八、"失职追责"的原则

"失职追责"首先是发生事故的"四不放过"原则。"四不放过"是事故调查处理的重要原则、《国务院办公厅关于加强安全工作的紧急通知》中指出：对安全工作责任不落实、发生重特大事故的，要严格按照事故原因未查明不放过、责任人未处理不放过、整改措施未落实不放过、有关人员未受到教育不放过的"四不放过"原则和《国务院关于特大安全事故行政责任追究的规定》，严肃追究有关领导和责任人的责任。该原则要求企业各级领导以及纪检、监察、工会人事教育等部门，在生产安全事故调查处理时要实事求是、尊重科学，认真彻底查清事故原因，依法严肃追究事故责任，总结事故教训，提出改进措施，同时利用事故案例加强职工教育，增强职工安全意识和防范事故能力。

"失职追责"不仅仅是事故后的追责，还包括安全生产"违法"或职责"不尽责"的追责。国家安全生产监督管理部门制订的《安全生产违法行为处罚办法》就是专门针对安全生产违法和"不尽责"的法律处罚办法。

九、"全面覆盖"的原则

安全生产责任制应当覆盖本企业全体职工和岗位、全部生产经营和管理过程。因此，企业应根据自己的实际组织机构、岗位设置来编写具体的岗位安全生产责任书，确保责任书覆盖所有组织、所有部门、所有岗位、所有人员，无安全责任真空，实现一级对一级、一书对一岗，所有部门岗位安全生产责任无缝连接。2008年，国资委颁布第21号令《中央企业安全生产监督管理暂行办法》，办法中第五条和第八条明确规定"安全生产责任制应当覆盖本企业全体职工和岗位、全部生产经营和管理过程"，"中央企业应当明确各职能部门的具体安全生产管理职责；各职能部门应当将安全生产管理职责具体分解到相应岗位"。

十、"调整及时性"的原则

安全生产责任体系的建立是一个长期的、持续改进的过程。随着企业自身的发展壮大、职能部门的机构调整、岗位内容的交叉变化，会逐渐暴露出原有安全生产责任的不适应性，也势必会影响安全生产责任落实。安全生产责任制应随相关变化及时进行调整，确保及时更新、及时完善，实时满足应用需求。

十一、"执行闭环性"的原则

编制安全生产责任制的目的是为企业安全运转服务。因此，如何良好的落实安全生产责任制的实施和考核更显重要，绝不能浮于纸面，不是仅仅组织员工签字那么简单。责任书编制时需考虑建立有效的方式方法，推进企业各层级、各岗位积极强化安全责任落地，"党"和"政"都要指导制定相关考核办法，量化考核指标，建立运行激励机制，确保安全生产责任制在企业各级各类人员间的有效传递与分解，使各级各类人员做到眼前见责任、心里有责任、肩上担责任，始终保持履职状态。

第二节 安全生产责任体系框架

本书第一章第二节安全生产责任体系基本概念中对于安全生产责任体系的概念进行了简要阐述，提出一般企业的安全生产责任体系包含依法生产经营、组织保证体系、安全教育培训、员工权益维护、生产场所管理、事故管理等七个子体系，本节对这七个子体系进行详细介绍。

一、依法生产经营体系

依法生产经营是企业所首先遵循的责任之一，企业不得违反法律，擅自进行生产活动。依法生产经营能改善从业人员安全意识、法律意识，提高企业安全管理水平，保障企业生产安全，是企业安全生产主体责任的重要方面，表征的方式是生产经营许可证等，且生产经营活动应在有效期之内。

生产经营许可证是企业从事生产经营活动的资格证书，具有强制性。生产经营许可证是否决性指标，即企业如果没有生产经营许可证，则企业安全生产主体责任绩效评估就无从谈起。

生产经营许可证与企业的性质有关，如有矿山、建筑施工、危化品生产、民用爆破器材生产企业须具备安全生产许可证；危化品及烟花爆竹经营须具备经营许可证；危化品使用储存企业依法登记；从事特种行业或使用特种设备等依法办理规定的相关证照，且在有效期内；生产经营符合法律、法规、规章，禁止使用国家和本地区明令淘汰的生产工艺、生产设备和危险物品等。

安全生产依法生产经营体系是一个包含多种法律形式和法律层次的综合性系统，旨在确保企业在生产经营过程中的安全性和合规性。企业应加强安全生产管理，完善安全生产设施，加强安全生产监管和检查，提高员工的安全意识和自我保护能力，以确保企业的生产经营活动在安全、合规的前提下进行。

(1) 法律基础：安全生产法律体系是以宪法为基础，涵盖了行政法律规范、技术性法律规范、程序性法律规范等多个方面。宪法中有关"加强劳动保护，改善劳动条件"的规定，为安全生产法律体系提供了最高层级的法律基础。

(2) 行政法规：安全生产行政法规是由国务院组织制定并批准公布的，具体规定了实施安全生产法律或规范安全生产监督管理制度的各项规定。这些行政法规为企业实施安全生产监督管理和监察工作提供了重要依据。

(3) 安全生产管理制度：企业应建立健全的安全生产管理制度，明确各级管理人员的责任和义务，明确安全生产的各项规章制度，确保安全生产工作有章可循。同时，企业还应加强安全生产教育培训，提高员工的安全意识和自我保护能力。

(4) 风险评估和预防措施：企业应识别和评估生产经营过程中存在的安全风险和危险源，并采取相应的预防措施。这包括完善安全风险评估和安全预警机制，全面分析生产过程中可能存在的各类安全风险，及时采取措施加以预防和控制。

(5) 安全生产监管：建立健全的安全生产监管机制是确保企业安全生产经营管理有效实施的重要手段。除了企业自身的安全管理和监督外，还应接受相关部门的监管和检查。

(6) 应急预案和演练：企业应建立健全的应急预案，明确各部门的应急处置流程和责任分工，提高企业应对突发安全事件的能力。同时，企业应定期组织安全生产演练，提高员工的应急处置能力，检验安全生产预案的有效性。

(7) 信息化手段：充分利用信息化手段提高安全管理水平是现代企业的重要趋势。通过引入先进的信息技术和管理系统，企业可以更加高效地识别和管理安全风险，提高安全生产工作的科学性和准确性。

二、组织保证体系

安全生产组织管理是企业发展的永恒主题，安全生产的种种要素只有通过管理才能实现科学组合并有效地发挥作用。安全组织保证体系由企业的主要负责人、安全生产管理机构企业安全工作负责人（安全主管）、专职安全生产管理人员和各级安全管理组织与工作人员所构成，形成企业安全管理的组织系统，并以明确的职责和工作要求为企业安全工作提供组织保证。组织保证体系必须是健全的、有力的、协调的和有效的，不能流于形式。

1. 按规定设置安全生产管理机构

安全生产管理机构是企业依据《安全生产法》等必须设置的一个安全生产管理组织机构，一般由企业安全生产负责人和管理人员组成，是企业内部设立的专门负责安全生产管理工作的独立部门，有权指导企业安全生产管理活动。

2. 按规定配备专（兼）职安全生产管理人员

配备专（兼）职安全生产管理人员是安全生产法律法规体系的规定，企业依据自身规模的大小、危险性程度等按一定比例配置专职（兼职）安全生产管理人员，有助于加强企业的安全生产管理，也有助于安全生产监督检查。

3. 形成安全生产管理网络

安全生产管理网络是维持企业安全生产管理体系运行的关键，安全生产管理网络是企业的一种安全管理联络制度，有一定的运行机制，管理网络要从企业最高的安全管理机构联络到生产各部门、车间、班组等负责人。

4. 开展安全责任签约和员工安全承诺

依据企业安全生产管理目标，企业各安全管理机构要层层签订安全生产目标承诺，不同生产部门、不同车间、不同员工要根据安全生产性质签订安全承诺，作为安全生产目标。

5. 制定事故应急处置预案

事故应急处置预案是为了提高应对突发性安全事故的能力，加强对突发性事故应急救援工作的组织领导和统筹协调，按照国家有关生产安全应急救援体系建设的要求，制定出科学有效的防范应急对策、措施预案，在突发重特大生产安全事故时，迅速有效地组织救援最大限度地减少人员伤亡和经济损失。

6. 明确各部门单元的安全生产责任制

安全生产责任制是根据我国的安全生产方针"安全第一，预防为主，综合治理"和安全生产法规建立的各级领导、职能部门、工程技术人员、岗位操作人员在劳动生产过程中对安全生产层层负责的制度。安全生产责任制是企业岗位责任制的一个组成部分，是企业中最基本的一项安全制度，也是企业安全生产、劳动保护管理制度的核心。实践证明，凡是建立了健全的安全生产责任制的企业，各级领导重视安全生产、劳动保护工作，切实贯彻执行党的安全生产、劳动保护方针、政策和国家的安全生产、劳动保护法规，在认真负责地组织生产的同时，积极采取措施，改善劳动条件，工伤事故和职业性疾病就会减少。反之，就会职责不清，相互推诿，而使安全生产、劳动保护工作无人负责，无法进行，工伤事故与职业病就会不断发生。

7. 工会组织或员工代表参与监督管理

工会组织或员工代表参与企业生产的监督管理有利于企业安全生产透明化，维护员工的权益。工会或工人代表可根据企业的安全生产状况，判断企业是否关心工人的健康状况、是否关注员工生产活动的安全防护，是否建立完善的安全与健康制度等。

三、安全教育培训体系

安全生产教育培训，是实现安全生产的重要基础工作，也是企业落实安全生产主体责任的重要内容。企业必须坚持不懈抓好安全生产教育培训，使全体员工熟悉安全生产规章制度，掌握本岗位的安全操作技能。职工全员安全培训也是提高员工安全生产素质、增强企业安全文化建设的基础步骤。通过加强职业教育与培训，企业能够培养一大批安全生产技术和管理人才，塑造一支高素质的员工队伍。本书将企业安全生产教育培训体系分为以下几个方面。

（1）对从业人员进行安全"三级"教育。

对从业人员进行安全"三级"教育是指对企业员工实施企业、车间及班组等三级安全教育培训。企业的培训由安全生产管理部门组织实施，车间的培训由各车间的主要负责人组织实施，班组的培训由各班组长负责组织实施。

（2）特种作业人员经培训合格持证上岗。

特种作业人员是指直接从事特种作业者，因其危险系数相对较高，所以国家对特种作业人员的从业条件要求非常严格，有关法律法规明文规定，特种作业人员必须要持证上岗。因此，必须对特种作业人员进行专业的安全技术培训、考核、认证，防止企业发生人员伤亡事故，促进安全生产。

（3）主要负责人具备相应安全知识和管理能力，经培训合格任职。

《安全生产许可证条例》中规定，当企业取得安全生产经营的许可证后，企业生产经营的负责人和安全生产管理人员必须经考核合格，使其具备一定的安全生产知识和管理能力。因此，企业主要负责人要按法律法规规定，定期进行安全培训，具备合格的安全生产知识和管理能力后方可任职。

（4）采用新工艺、新技术、新材料、新设备的从业人员应进行专门安全教育培训。

随着我国经济的迅速发展和科学技术高速发展，我国的改革开放进一步深化。进一步引进国外先进技术和先进设备的增加，越来越多的新工艺、新技术和新材料或者新设备被广泛应用于生产经营活动中，这对于促进生产经营单位生产经营效率的提高和产品的升级换代具有重要意义，也给经济发展带来巨大的生机与活力；但另一方面，如果生产经营单位对所采用的新工艺、新技术、新材料或者使用的新设备的了解与认识不足，并未对从业人员进行专门的安全生产技术教育培训，对其所采用的新工艺、新技术、新材料或者使用的新设备安全技术性能掌握得不充分，或者没有采取有效的安全防护措施，不对从业人员进行专门的安全生产教育和培训，这些新工艺、新技术、新材料或者新设备就可能成为导致事故的重大隐患，甚至造成重大的伤亡事故。

因此，生产经营单位采用新工艺、新技术、新材料或者使用新设备，必须教育培训从业人员，让他们了解、掌握其安全技术特性的新特点，采取有效的安全防护措施，并对从业人员进行专门的安全生产教育和培训。

生产经营单位采用新工艺、新技术、新材料或者使用新设备必须了解、掌握其安全技术特性，采取有效的安全防护措施，要求生产经营单位不能盲目使用新工艺、新技术、新材料或者新设备，在使用前就必须对其进行充分的研究，有充分的认识。不仅要知道这些新工艺、新技术、新材料或者新设备的使用能给单位带来哪些经济效益，还要知道其在哪些地方存在什么不安全因素，并在采取了足以保证安全的防护措施后，才能采用这些新工艺、新技术、新材料或者使用这些新设备。生产经营单位对采用新工艺、新技术、新材料或者使用新设备的从业人员必须进行专门的安全生产教育和培训，是生产经营单位必须承担的对本单位从业人员进行安全生产教育和培训义务的一部分。新工艺、新技术、新材料的采用或者新设备的使用，总是要通过从业人员的具体工作才能实现并获取其经济价值，提高工作效率。而新工艺、新技术、新材料的采用或者新设备的使用，对从业人员来说，是一种陌生的东西，如果仍按照旧的知识、老的传统方法来应付，就会出现问题，就可能引发事故。

因此，采用新工艺、新技术、新材料或者使用新设备的生产经营单位，必须针对新工艺、新技术、新材料或者新设备的安全技术特性，对从业人员进行专门的安全生产教育和培训。这也是生产经营单位预防事故的发生的一项行之有效的措施。

(5) 教育督促员工执行规章制度和操作规程。

教育督促员工执行规章制度和操作规程是企业实施安全教育工作的一项重要内容，检查教育督促员工执行规章制度和操作规程的相关记录，询问员工安全生产规程执行状况，可有效改进员工的不安全生产习惯。

(6) 组织开展"安全生产月"等活动。

企业实行"安全生产月"活动是一种安全生产集中时间内的管理活动，也是一种安全管理理念的宣教方式，形式的实质就是一次规模性的安全大检查。在一个月的时间里，企业要对公司安全生产进行全面、全方位、全过程的安全检查，查找、消除隐患，努力提高员工的安全生产意识。

四、员工权益维护体系

员工是企业最宝贵的资源和财富。企业应始终坚持以人为本，尊重和保护员工的各项合法权益。严格遵守《中华人民共和国劳动法》《中华人民共和国劳动合同法》和《中华人民共和国工会法》，以及投资所在国的相关法律、法规和制度，建立一个完善的员工权益维护体系。

(1) 参加工伤保险，缴纳保险金。

《工伤保险条例》(2003年4月27日中华人民共和国国务院令第375号公布，2010年12月20日《国务院关于修改〈工伤保险条例〉的决定》修订) 规定了生产经营企业必须为员工建立工伤保险制度。工伤保险是员工因在生产经营活动中所发生的或在规定的某些特殊情况下，遭受意外伤害、职业病及因这两种情况造成死亡，在员工暂时或永久丧失劳动能力时，员工或其遗属能够从国家、社会得到必要的物质补偿。是劳动者因工作原因遭受意外伤害或患职业病而造成死亡、暂时或永久丧失劳动能力时，劳动者及其遗属能够从国家、社会得到必要的物质补偿的一种社会保险制度。这种补偿既包括受到伤害的职工医疗、康复的费用，也包括生活保障所需的物质帮助。工伤保险是社会保险制度的重要组成部分，也是建立独立于企事业单位之外的社会保障体系的基本制度之一。

(2) 劳动合同按规定载明安全条款。

劳动合同是劳动者与用工单位之间确立劳动关系，明确双方权利和义务的协议。劳动合同按合同的内容分为：劳动合同制范围以内的劳动合同和劳动合同制范围以外的劳动合同；按合同的形式分为要式劳动合同和非要式劳动合同。劳动合同的签订有一定的规范和格式，依据的法律有《劳动法》《劳动合同法》《劳动合同法实施条例》等，明确规定企业与员工的权利义务等。劳动合同要注明员工的安全生产条款，确保员工生产安全。

(3) 按规定标准为员工配备劳动防护用品。

劳动防护用品是指由生产经营单位为从业人员配备的，使其在劳动过程中免遭或者减轻事故伤害及职业危险的个人防护用品。它又分为特殊劳动防护用品和一般劳动防护用品。国家对特殊劳动防护用品实行安全标志管理制度。特殊劳动防护用品具体包含以下内容：①头部护具类：安全帽；②呼吸护具类：防尘口罩、过滤式防毒面具、自给式空气呼吸器、长管面具；③眼（面）护具类：焊接眼面防护具、防冲击眼护具；④防护服类：阻燃防护服、防酸工作服、防静电工作服；⑤防护鞋类：保护足趾安全鞋、防静电鞋、导电鞋、防刺穿鞋胶面防砸安全靴、电绝缘鞋、耐酸碱皮鞋、耐酸碱胶靴、耐酸碱塑料模压靴；⑥防坠落护具类：安全带、安全网、密目式安全立网。

（4）如实告知作业场所、岗位的危险因素和防范措施。

作业场所、岗位的危险危害因素众多，根据《生产过程危险和有害因素分类与代码》（GB/T 13861—2022）的规定，将生产过程的危险因素和有害因素分为四大类：人的因素、物的因素、环境因素、管理因素。

各岗位的工作场所有着不同的危险、有害因素，企业在员工工作前，要进行岗位危险、有害因素识别，并根据危险、有害因素的性质制定应对措施，防范事故的发生。

（5）从事职业危害作业人员定期健康检查。

由于从事职业危害作业的员工容易遭受职业性危害因素的困扰，如在生产劳动中，接触生产中使用或产生的有毒化学物质、粉尘气雾、异常的气象条件、高低气压、噪声、振动、微波、X射线、γ射线、细菌、霉菌、长期强迫体位操作、局部组织器官持续受压等。长期下去，劳动者易患职业病。因此，公司应当组织接触职业病危害因素的员工进行定期职业健康检查，发现职业禁忌或者有与所从事职业相关的健康损害的员工，应及时调离原工作岗位，并妥善安置。

（6）工会组织或员工代表行使维权职能。

企业的工会或员工代表是员工权益的保护者，依据《工会法》等规定，企业必须建立自己的工会或员工代表等组织，妥善维护员工的权益，防止遭受不合法的侵害。具体来说，工会或员工代表主要具有如下四项职能：

① 维护职能：工会要通过自己的活动，坚决维护职工的合法权益，切实为职工多办事办好事，同时必须承担维护国家利益的义务，教育职工自觉以个人利益服从国家和集体的利益，眼前利益服从长远利益。

② 建设职能：工会通过把职工群众组织起来，建立起党和职工群众、国家和职工群众之间的联系，通过工会的日常工作，不断地把党的纲领、任务和政策同职工群众的意愿和要求紧密结合起来，成为职工群众的自觉行动，从而使工会运动同实施工人阶级历史使命结合起来。

③ 参与职能：工会参与国家建设和管理，主要是通过自己的活动，组织吸引职工参与管理，增强职工的主人翁责任感，发挥职工建设社会主义的积极性和创造性。

④ 教育职能：要通过开展多种多样的群众活动，把共产主义思想教育、科学文化和管理知识的教育，寓于工会活动之中，使广大职工群众逐步锻炼成为有理想、有道德、有文化、守纪律的劳动者。

五、规章制度管理体系

企业管理制度是企业员工在企业生产经营活动中共同遵守、且必须遵守的规定和准则的总称。企业管理制度的表现形式或组成包括企业组织机构设计、职能部门划分及职能分工岗位工作说明，专业管理制度、工作或流程、管理表单等管理制度类文件。企业因为生存和发展需要而制定这些系统性、专业性相统一的规定和准则，就是要求员工在职务行为中按照企业经营、生产、管理相关的规范与规则来统一行动、工作，如果没有统一的规范性的企业管理制度，企业就不可能在企业管理制度体系正常运行下，实现企业的发展战略。企业安全生产规章制度体系是确保企业安全生产运行的一项重要规章制度体系，是企业履行安全生产主体责任的一项重要内容，主要包含如下几个方面。

（1）建立安全生产档案，且内容齐全。

安全生产档案是企业一段时间内的安全生产工作总结，企业根据自身的安全生产工作活动有着不同差异，一般企业的安全生产档案包括如下内容：

① 安全生产管理领导小组人员名单及变动记录；

② 专职及兼职安全员名单；

③ 特种作业人员资格证名单；

④ 特种设备清单及有关档案；

⑤ 重大危险源管理清单及各级风险管控清单；

⑥ 监测资料（地压、边坡、岩石移动、涌水量、粉尘浓度、风速、风量、噪声及地表环境监测）；

⑦ 职工健康档案及职业病档案资料；

⑧ 安全生产整改情况记录；

⑨ 安全例会及安全日、月活动记录；

⑩ 职工代表会关于安全生产的提案及整改落实情况；

a. 事故记录和统计资料；

b. 伤亡登记表存档情况；

c. 岗位作业操作规程；

d. 安全措施费用及使用情况；

e. 事故应急救援预案，演练，实施记录；

安全生产档案要编写详细的目录并分档存放，以形成标准化、规范化，并且按期上报给各有关部门，定期向职工公布档案管理情况，主要领导要经常检查档案管理情况使档案管理完善科学化。

（2）经营者按要求实施安全责任承诺。

安全生产责任承诺是对安全生产工作的一种保证，有利于激励不同岗位的员工依据承诺做好分内的生产工作，具体包括如下一些内容：

① 认真执行"安全第一、预防为主、综合治理"的安全生产方针，遵守各项安全生产制度和规定，做到不伤害自己，不伤害他人，不被他人伤害；

② 忠于职守，严格履行本岗位的安全生产责任；

③ 不违章指挥，不违章作业，不违反劳动纪律，抵制违章指挥，纠正违章行为；

④ 严格执行作业许可证管理规定，进行用火、进设备、临时用电、高处作业、破土作业时，按规定、按程序办理作业许可证，不进行无证作业；

⑤ 按规定着装上岗，穿戴好劳动防护用品，不带火种进入生产区，不在禁烟场所吸烟严格遵守防火防爆、车辆安全等"十大禁令"；

⑥ 主动接受安全教育培训和考核，做到持证上岗，会报警、会自救、互救、会熟练使用防毒面具、呼吸器、灭火器等设施；

⑦ 主动制止同事的不安全行为，对发现事故隐患或者其他不安全因素，立即向安全生产管理人员或者本单位负责人报告；

⑧ 积极参加单位各种安全培训和安全学习、安全活动、事故应急演练，掌握作业所需的安全生产知识，提高安全生产技能，增强事故预防和应急处理能力；

⑨ 积极参与单位的安全文化建设，努力营造和谐的安全生产氛围，培养良好的工作习

惯和安全价值观。

(3) 建立安全生产规章制度。

俗语说，没有规矩不成方圆。规章制度就是企业的规矩。没有健全而严格执行的规章制度，企业是管不好的。安全生产规章制度则是企业规章制度中的一个重要组成部分，是保证劳动者的安全和健康、保证生产活动顺利进行的手段。同时，没有健全和严格执行的安全生产规章制度，企业的安全生产也是搞不好的。

党和国家的安全生产方针、政策要通过规章制度去体现。通过实现规章制度，可以有条不紊地组织生产；可以从制度上促进广大从业人员树立"安全第一，预防为主，综合治理"的思想，正确处理安全与生产的关系，真正做到当生产与安全发生矛盾时，生产服从安全同时，从业人员按照安全生产规章制度进行生产作业，可以把安全工作与企业的生产经营活动紧密联系起来，使"安全第一，预防为主，综合治理"的方针落实到企业生产经营活动中的各个环节。

企业的安全生产规章制度，可分为安全生产管理、安全技术、职业卫生三个方面。

① 安全生产管理方面制度，包括安全总则、安全生产责任制、安全技术措施管理、安全生产教育、安全生产检查、伤亡事故报告、各类事故管理、特殊区域内施工审批制度、劳动保护设施管理、安全值日制度、安全生产竞赛办法、安全生产奖惩办法、劳动防护用品的发放管理办法、基本建设项目和技术改造项目的"三同时"（即主体工程与职业安全卫生工程同时设计、同时施工、同时投产）审查验收管理等。

② 安全技术方面的规章制度，包括电气安全技术、压力容器安全技术、锅炉安全技术，危险物品安全管理、建筑施工安全技术、消防管理、危险场所的安全技术管理、容器内作业、高空作业、企业内机动车辆安全管理、特种作业人员安全管理（培训、考核、发证、持证作业等）、各工种的安全技术操作规程。

③ 工业卫生方面的规章制度，包括尘毒监测、防尘防毒措施、防尘防毒设备的维护管理、职业病和职业中毒的统计报告、防暑降温管理、保健食品制度等。

(4) 建立各岗位安全生产职责与操作规程。

岗位安全生产职责与操作规程应包括以下内容：

① 明确适用范围；

② 明确本岗位工作职责、权利和义务；

③ 明确本岗位工作人员应当了解和掌握国家有关法律、法规、规范以及本岗位工作中所涉及的材料（含危险化学品）、设备、仪器等相关安全技术知识；

④ 明确本岗位必须具备的工作条件（包括人员资质、工作环境、工作场所、个体防护等）；

⑤ 明确本岗位工作程序（包括可能出现的异常情况及应急处置程序）。

(5) 规章制度、岗位安全职责、操作规程的落实执行检查工作。

企业要定期对规章制度、岗位安全职责、操作规程等进行检查，评价检查结果，查缺补漏，日益形成较完善的规章制度、岗位安全职责、操作规程。

(6) 安全生产的资金投入。

安全生产法律法规阐明生产经营单位从事生产经营活动必须具备有关法律、行政法规和国家标准或者行业标准规定的安全生产条件。生产经营单位要达到这一要求，必须要有一定的资金保证，用于安全设施的建设、为职工配备劳动防护用品、对安全设备进行检测、维护、保养等。有关法律、行政法规也对生产经营单位的安全生产资金投入问题进行了规定。安全生产资金投入，是生产经营单位生产经营活动安全进行，防止和减少生产安全事故的资金保障。而当前一些企业由于各种原因，安全生产资金投入严重不足，安全设施、设备陈旧甚至带病运转，防灾抗灾能力下降，这也是造成事故多发的重要原因之一。有些民营企业的老板"要钱不要（工人）命"，不顾工人死活，千方百计减少安全生产资金投入甚至不投入，不具备基本的安全生产条件，安全隐患很多。针对这一问题，《安全生产法》等相关法律法规特别强调，生产经营单位的决策机构、主要负责人或者个人经营的投资人对安全生产资金投入要予以保证，并对由于安全生产所必需的资金投入不足导致的后果承担责任。

（7）特种设备建档且定期检测检验合格后使用。

《安全生产法》规定：生产经营单位使用的涉及生命安全、危险性较大的特种设备，以及危险物品的容器、运输工具，必须按照国家有关规定，由专业生产单位生产，并经取得专业资质的检测、检验机构检测、检验合格，取得安全使用证或者安全标志，方可投入使用。检测、检验机构对检测、检验结果负责。因此，企业在安全生产过程中对特种设备建立档案资料，并检查合格后方可投入使用。

（8）建设项目应开展"三同时"。

安全生产"三同时"制度，是指建设项目安全设施必须与主体工程同时设计、同时施工同时投入生产和使用的制度。建设项目安全设施是指生产经营单位在生产经营活动中用于预防生产安全事故的设备、设施、装置、构（建）筑物和其他技术措施的总称。生产经营单位是建设项目安全设施建设的责任主体，应严格按照《建设项目安全设施"三同时"监督管理暂行办法》（2010年11月3日国家安全生产监督管理总局局长办公会议审议通过，自2011年2月1日起施行）执行。

（9）危化品企业定期进行安全评价。

《危险化学品安全管理条例》（2011年2月16日国务院第144次常务会议修订通过，自2011年12月1日起施行）第二十二条规定：生产、储存危险化学品的企业，应当委托具备国家规定的资质条件的机构，对本企业的安全生产条件每3年进行一次安全评价，提出安全评价报告。安全评价报告的内容应当包括对安全生产条件存在的问题进行整改的方案。生产、储存危险化学品的企业，应当将安全评价报告以及整改方案的落实情况报所在地县级人民政府安全生产监督管理部门备案。在港区内储存危险化学品的企业，应当将安全评价报告以及整改方案的落实情况报港口行政管理部门备案。因此，危化品企业必须依照规定定期进行安全评价。

（10）危化品生产企业编制安全技术说明书和安全标签。

危险化学品生产企业对所生产经营的危险化学品编制安全技术说明书和安全标签。按照安全技术说明书和安全标签制定购销管理规定及安全操作规程，培训作业人员。对于具有危险性的商品，企业要为商品的危险性安排适合的储存仓库和储存方式，确定商品养护措施并安排适合的运输方式，制定消防措施、安全防护措施、急救措施等。而且当发现其生产的危险化学品有新的危害特性时，应当立即公告，并及时修订安全技术说明书和安全标签。

（11）危化品包装物、容器符合规定要求。

危化品包装物、容器要符合相关规定。在危化品进库前，验货员应依据验货标准结合合同条款及有关随货证单如性能检验结果单等，对照到货包装进行逐批、逐件验收，验收合格的要填写同意入库通知单，发现质量不合格，要及时与有关部门联系，得到确认后由仓储业务等部门处理。

包装品种不同,检查的重点也不同。桶类包装主要检查卷边及焊接部位,检查密封垫圈的严密程度;袋类包装要检查有无破损、污染,内包装的厚度是否合格等。经过运输等环节以及梅雨季节、高温或严寒等天气因素的影响,原来合格的包装也可能发生破损。因此,验收员必须一丝不苟地履行职责。

(12) 劳动防护用品采购合格产品。

劳防用品是企业采购的一种安全生产防护品,质量对安全生产防护起着举足轻重的作用。企业在采购劳防用品时必须进行严格的检验、试用,保证所购的劳防用品符合相关规定,质量合格。劳动防护用品主要包括:①安全帽;②安全带;③安全网;④防护鞋;⑤防护服;⑥防护眼镜;⑦防毒面具;⑧防尘口罩;⑨其他防护用品。

(13) 从业人员按规定标准正确佩戴或使用劳防用品。

为了指导用人单位合理配备、正确使用劳动防护用品,保护劳动者在生产过程中的安全和健康,确保安全生产,企业从业人员应当按《劳动防护用品配备标准》正确佩戴或使用劳防用品。

(14) 承发包工程、厂房场所、特种设备租赁签订安全协议,明确安全责任。

承包工程、厂房场所、特种设备租赁必须经过双方同意,按租赁的规定签订租赁双方的安全协议,明确租赁的安全责任。如厂房出租时要明确以下责任:

① 要求出租人作为保证出租厂房安全的第一责任人,承诺出租的厂房符合国家有关房屋建设工程安全的规定,具备基本的安全生产条件,并提供书面告知涉及厂房安全的有关情况,提供能够证明厂房安全的文件、图纸和安全检测检验报告等相关资料。

② 作为承租人,企业应详细了解厂房的设计、施工、维修、改造等情况,确认厂房是否满足生产经营活动的安全要求并符合原规划设计的使用性质,不得随意改变、破坏承租厂房的建筑结构。

③ 出租人或承租人对房屋进行维修改造的,应按照国家有关规定,报经有关部门审核批准。

④ 明确安全生产协调管理人员。

⑤ 把厂房建筑安全状况作为日常安全检查的重要内容之一,并建立档案。

⑥ 加强对从业人员厂房建筑安全知识教育培训,制订和完善事故应急预案。

(15) 厂房与场所租赁按规定履行安全管理职责。

① 出租方安全管理职责:

a. 出租的厂房、场所、特种设备符合规定,具备基本安全生产条件;

b. 书面告知安全状况和防火要求;

c. 对多个承租单位统一协调管理并明确协调管理人员;

d. 发现隐患督促整改;

e. 发现承租方违法行为,及时告知停止并报告。

② 承租方安全管理职责:

a. 遵守安全生产法律、法规,具备相应安全生产资质和条件,服从出租方对其安全生产工作协调、管理;

b. 建立安全生产责任制,配备安全管理人员,制订应急救援预案;

c. 危化品从业单位具备相应许可证;

d. 未经同意，不得擅自转租厂房、场所；
　　e. 租赁合同 15 天内向所在地部门登记备案；
　　f. 合同生效 15 天内向所在地乡镇政府、街道办事处备案；
　　g. 发生安全事故，立即如实报告。

六、生产场所管理体系

　　生产场所是事故发生的主要地方，因此生产场所的安全管理是企业安全生产主体责任体系的一个重要方面。本书将生产场所的安全管理分为如下几个方面。

　　（1）重点部位和重大危险源实施有效监控。

　　重点部位或重大危险源是企业最易发生事故的地方，企业必须根据安全生产的实际状况，确定重要的危险区域，制定相关监控管理措施，并将监控情况记录存档，并定期进行检查。重大危险源管理主要分为以下几个步骤。

　　首先，根据现行国家标准《危险化学品重大危险源辨识》（GB 18218—2018）等有关标准和国家安全生产监督管理部门的有关规定，对本单位的生产装置、设施或场所进行重大危险源辨识、评估，属于重大危险源的，应当进行登记，并建立重大危险源安全管理档案。其次，生产经营单位应当至少每三年委托有法定资格的中介机构对本单位的重大危险源进行一次安全评估，出具完整、真实的《重大危险源安全评估报告》，并及时报送所在地县（市、区）安全生产监督管理部门备案。最后，生产经营单位应当制定重大危险源应急救援预案，配备必要的救援器材、装备，每年进行一次事故应急救援演练；重大危险源应急救援预案必须报送所在地县（市、区）安全生产监督管理部门备案。

　　（2）作业场所设置与建筑结构符合国家规定和标准。

　　企业的作业场所设置与建筑结构要符合国家规定和标准，如《作业场所防火、防爆、防毒管理制度》《建筑设计防火规范》《冶金工业建筑钢结构标准及验收规范》《钢结构工程质量控制与检测》等。

　　（3）电气设备选用布置和临时电线架设符合电气规程标准。

　　防爆区域要采用相应级别电器用具，电器设备选用布置要符合电器标准，不能私接乱拉临时电线。常用的标准有：《电气装置安装工程高压电器施工及验收规范》（GB 50147—2010）、《电气装置安装工程电力变压器、油浸电抗器、互感器施工及验收规范》（GB 50148—2010）、《电气装置安装工程 母线装置施工及验收规范》（GB 50149—2010）、《电气装置安装工程 电气设备交接试验标准》（GB 50150—2016）、《电气装置安装工程 电缆线路施工及验收规范》（GB 50168—2018）等。

　　（4）配电房安全用具齐备且定期检验合格。

　　配电房是将传输过来的高压电进行降压，然后根据用户数量和类别进行均匀分配的小型箱房。配电房内具有危险、有害因素，如电击、辐射、噪声等，因此配电房的安全用具必须齐备，并要求定期进行检验。

　　（5）消防设施按规定要求配置，且保持应急状态。

　　企业的消防设施设置不只是布置仅一些设施，首先要根据生产原料等确定厂房的火灾危险类别，之后再确定需要的灭火器等设施的种类以及间距等，大的厂房还要考虑防火分区。消防设施本身的配置标准、规范有：《消防通信指挥系统施工及验收规范》《消防信息系统技术框架结构》《建筑消防设施检测技术规程》等，所有的消防设施均应处于应急状态。

(6) 生产设备与作业场所安全防护设施齐全。

生产设备与作业场所均应设置安全防护设施，且安全防护设施要符合国家相关管理标准、规范。常见的安全防护设施主要包括：防护、防护栏、平台栏、直（斜）梯栏等。

(7) 建筑施工及危险作业场所设置明显安全警示标志。

在有危险因素的生产经营场所和有关设施、设备上，设置安全警示标志，及时提醒从业人员注意危险，防止从业人员发生事故。这是一项在生产过程中，保障生产经营单位安全生产的重要措施。为此，《安全生产法》第三十五条规定，生产经营单位应当在有较大危险因素的生产经营场所和有关设施、设备上，设置明显的安全警示标志。

从理论上讲，生产经营单位的每个生产经营活动场所都存在危险因素，只是有的相对小一点，有的比较严重。只有比较严重的危险因素，才可能造成事故。如果一概而论在所有存在危险因素的生产经营场所都设置安全警示标志，一方面安全警示过多，没有这么做的必要，另一方面造成安全管理混乱。因此，法律规定在较大危险因素的生产经营场所，必须设置明显的安全警示标志。这里讲的较大危险因素，由于生产经营单位的性质不同，危险性也不同，具体什么样的危险因素属于较大危险因素，什么样的危险因素是一般危险因素，由生产经营单位根据本单位的具体情况确定。

安全警示必须明显，这也是法律所要求的。安全警示标志的作用是警示，提醒从业人员注意危险，防止事故发生。如果安全警示标志不明显，随意设置，就起不到警示的作用。另外，对于安全警示的设置，包括颜色等，国家都有严格的规定，有国家标准或者行业标准，生产经营单位在设置标志时，必须严格执行这些规定。

(8) 作业场所尘、毒、噪声等符合标准。

作业场所尘、毒、噪声等要符合相关标准，如《生产性粉尘作业危害程度分级》《工业企业设计卫生标准》《工业企业厂界环境噪声排放标准》《作业场所空气中粉尘测定方法》《职业性接触毒物危害程度分级》等。

(9) 建筑施工现场设置围栏与生活区域分离。

建筑施工现场要依据《建设工程施工现场管理规定》设置围栏，并与周边建筑艺术风格相协调，而且建筑区与生活区要相隔离。

(10) 未在本地区内租赁厂房场所从事危化品生产或储存。

从事危化品生产和储存的区域不能随便地找个厂房场所等，要依据区域内的有关规定在适当的地域从事危化品生产经营活动，防止对周围环境造成超过有关规定的威胁，禁止在禁区内租赁厂房场所从事危化品生产或储存。

(11) 不应发生"三合一"状况。

不能在车间或仓库建筑物内设置集体宿舍，生产、经营、储存、使用危化品的车间、商店、仓库与员工宿舍不得在同一建筑物内。

(12) 人员密集作业场所通道与出口符合要求。

在人员密集作业场所，严禁堵塞、封闭、占用疏散通道，安全出口处的警示标志要醒目，出口门要能正常开启，并保证消防安全疏散指示标志、应急照明灯等不被遮挡、覆盖。企业安全管理部门要定期查看是否一切正常。

(13) 作业及施工场所氧气、乙炔等可燃气瓶储放合理。

作业及施工场所氧气、乙炔等可燃气瓶必须合理储放，符合安全距离。

(14) 电器接地、接零、防雷保护系统符合要求。

电器接地、接零、防雷保护系统是一种安全生产的保护系统。电器接地也叫保护接地，为的是在电器碰壳时能保护设备及人员不受漏电伤害，对接电阻有一定要求，主要要满足安全的跨步电压及接触电势。而一个有效的防雷系统，至少包括外部、内部和过电压防护等三个方面。所有相关的接地、防雷设备要符合有关规范，才能有效防止危害。

（15）起重机械保险限位装置及吊索具正常可靠。

保险限位装置要正常，吊索具选用要符合要求。使用吊篮架子和挂架子时，其吊索具必须牢靠。吊篮架子在使用时，还要挂好保险绳或安全卡具。升降吊篮时，保险绳要随升降调整，不得摘除。吊篮架子与挂架子的两侧面和外侧均要用网封严。吊篮顶要设头网或护头棚，吊篮里侧要绑一道护身栏，并设挡脚板。

（16）施工作业脚手架材质、搭设符合规定要求且通过验收。

施工作业脚手架材质、搭设方式要符合规定要求，施工作业脚手架材质、搭设方式要通过验收。一般的脚手架实施的标准有《建筑施工扣件式钢管脚手架安全技术规范》，企业施工时应当按照该规定并结合实际正确实施。

（17）施工吊装区域严禁人员工作与出入。

产品吊装过程中，禁止重物跨越施工人员；高空吊装过程中需鸣喇叭，提醒吊装区域施工人员离开；施工吊装区域严禁人员工作或出入。

七、事故管理体系

事故管理是安全管理的一项非常重要的工作，企业可以从事故中获得经验和教训，防止类似事故的再次发生。企业生产安全事故责任管理可以从以下几个方面进行。

（1）按"四不放过"原则吸取事故教训，落实整改措施。

按照"四不放过"的原则（即事故原因没有查清不放过，事故责任人没有得到处理不放过，广大干部职工没有受到教育不放过，同类事故的防范措施没有落实不放过），严肃查处各类事故，落实整改措施。

（2）按规定及时如实报告事故。

企业内所发生的生产安全事故应当按照《生产安全事故报告和调查处理条例》及相关程序及时如实报告事故，不得隐瞒。

（3）防止发生死亡事故或重大火灾事故。

根据《生产安全事故报告和调查处理条例》规定的生产安全事故等级标准，公安部《关于调整火灾等级标准的通知》（公消〔2007〕234号）依据《生产安全事故报告和调查处理条例》有关规定对火灾等级标准调整如下：

特别重大、重大、较大和一般火灾的等级标准分别为：特别重大火灾是指造成30人以上死亡，或者100人以上重伤，或者1亿元以上直接财产损失的火灾；重大火灾是指造成10人以上30人以下死亡，或者50人以上100人以下重伤，或者5000万元以上1亿元以下直接财产损失的火灾；较大火灾是指造成3人以上10人以下死亡，或者10人以上50人以下重伤，或者1000万元以上5000万元以下直接财产损失的火灾；一般火灾是指造成3人以下死亡，或者10人以下重伤，或者1000万元以下直接财产损失的火灾。企业应当防止死亡事故或重大火灾事故的发生。

（4）防止发生重伤事故。

根据《企业职工伤亡事故分类标准》规定：重伤事故是指造成职工肢体伤残，或视觉听觉等器官受到严重损伤,一般能引起人体长期存在功能障碍,或损失工作日等于和超过105日,劳动能力有重大损失的失能伤害的伤亡事故。企业应当防止重伤事故的发生。

(5) 防止发生轻伤事故。

根据《企业职工伤亡事故分类标准》规定:轻伤事故是指一般伤害不太严重,造成职工肢体伤残,或者某些器官功能性或器质性轻度损伤,表现为劳动能力轻度或暂时丧失的伤害。轻伤事故也可以表现为一般休工在一个工作日或一个工作日以上的事故。企业应当尽量防止轻伤事故的发生。

(6) 防止发生职业中毒及新发职业病。

《职业病防治法》规定,职业病是指企业、事业单位和个体经济组织的劳动者在职业活动中,因接触粉尘、放射性物质和其他有毒、有害物质等因素而引起的疾病。职业中毒分为急性中毒、慢性中毒及亚急性中毒三类,常见有以下六种:①金属中毒:铅、镉、汞。②刺激性气体中毒:氯气、氨、氮氧化物,出现急性支气管炎、化学性肺炎和肺水肿症状和体征。③窒息性气体中毒:一氧化碳、氢氰酸,缺氧而发生昏迷等症状和体征。④有机溶剂中毒:苯、氯仿,有亲神经性,主要引起麻醉作用。此外,苯慢性表现抑制骨造血;氯代烃具有肝脏毒性。⑤苯的氨基、硝基化合物:苯胺、硝基苯。⑥杀虫剂中毒:有机磷农药、氨基甲酸酯类农药。从业人员长期在职业危毒环境下作业会引发新的职业病,因此,企业应防止发生职业中毒和新发职业病。

(7) 防止发生消防出警的火灾事故。

消防出警的火灾事故是指企业发生火灾事故后,当地的消防单位会依据火灾的大小程度判断是否应该出警救火。企业应当尽量防止发生消防出警的火灾事故,减少消防出警造成的额外负担。

(8) 防止发生因安全生产问题引发群体性治安事件。

安全生产问题处置不力,可能会引发群体性治安事件。如安全生产伤亡抢救不及时,激怒职工家属、引起社会不满,激进的人员会聚集引发群体性治安事件。企业应当及时、正确处理安全生产问题,防止群体性治安事件的发生。

第五章 安全生产责任体系建设规划

第一节 安全生产责任体系建设的目标与指导思想

当企业确立要建设安全生产责任体系,并在企业内部做好了学习宣传、人力物力准备以后,便可以正式开始安全生产责任体系建设的工作。安全生产责任体系的建设是一个系统性的工程,建立之初应综合考虑国家、省、市和集团公司的相关要求,以及本公司的具体情况,对建设工作进行总体规划。

一、安全生产责任体系建设的目标

安全生产责任体系建设的目标包括以下层面:

提高员工安全意识:使全体员工深刻理解到安全工作的重要性,自觉将安全生产纳入日常工作中,并能够自主发现并预防安全隐患。

降低安全事故频率与严重性:通过有效的体系实施,减少安全事故发生的概率,并在事故发生时能够迅速、有效地应对,减少事故带来的损失。

提升企业的社会责任形象:通过有效的安全生产责任体系,展示企业对于员工生命安全和社会公众利益的尊重和保障,从而提升企业的社会责任形象。

符合相关法律法规的要求:根据相关法律法规建立和完善安全生产责任体系,保障企业的合法运营。

二、安全生产责任体系建设的指导思想

人本理念:坚持以人为本,以员工生命安全为第一要务,尊重每一位员工的生命权和人格尊严。

预防为主:注重问题的预防,而不是事后的治理,采用科学的方法预防和控制风险,实现事故的早预防、早发现、早解决。

全员参与:安全生产责任体系的建设和实施需要全体员工的参与,每个人都是安全生产的责任人,每个人都要有积极预防和处理安全事故的意识。

追求持续改进:安全工作永无止境,需要持续进行安全风险的识别、评价和控制,持续改进安全管理水平,追求零事故的目标。

遵法守规:严格遵守国家的安全生产法律、法规和政策,按照国家和地方政府的要求组织实施安全生产工作。

以习近平新时代中国特色社会主义思想为指导，切实增强"四个意识"，牢固树立安全发展理念，弘扬生命至上、安全第一的思想，坚守发展决不能以牺牲安全为代价这条不可逾越的红线，建立健全安全生产责任体系，完善和落实重在"从根本上消除事故隐患"的责任链条，着力推动安全生产责任体系落实。

明确安全生产责任体系建设目标和指导思想，可以有针对性地推进安全生产责任体系的建设，实现有效的安全管理，保障企业的稳定发展。而这也需要企业的领导层给予强有力的支持，投入必要的资源，保障体系建设的顺利进行。

三、安全生产责任制的建立要求

（1）企业全员安全生产责任制应符合现行相关法规、标准要求。

企业建立的全员安全生产责任制应符合最新的《安全生产法》等法律要求，需遵守《国务院安委会办公室关于全面加强企业全员安全生产责任制工作的通知》（安委办〔2017〕29号）、《企业安全生产责任体系五落实五到位规定》（安监总办〔2015〕27号）等相关行政法规、部门规章的要求，应符合《企业安全生产标准化基本规范》（GB/T 33000—2016）等标准规范的要求。

（2）企业全员安全生产责任制应覆盖全员。

全员安全生产责任制需明确企业全部从业人员的安全生产责任、责任范围，做到"横向到边、纵向到底"。从安环部到生产部、财务部，从主要负责人到班组长、运行工等一线作业人员，均应划分出相应的安全职责。要改变企业一旦发生安全事故就只找安全管理部门及安全总监的问题的病态，避免安全管理人员成为"背锅侠"。企业其他部门同样有维持自身安全的重要职责，例如财务部门，直接决定企业安全投入是否按要求提取和使用，直接关系安全隐患的治理费用是否能顺利到位；再例如采购部门，其采购的设备设施是否符合企业的实际安全生产要求，采购的设备是否由正规厂家生产，其质量是否可靠等直接影响设备的运行安全。

（3）企业全员安全生产责任制必须明确考核制度和考核标准。

企业要建立健全安全生产责任制管理考核制度，对各层级、各部门、各类人员岗位安全生产责任制落实情况每半年组织1次考核。要健全激励约束机制，通过奖励主动落实、全面落实责任，惩处不落实责任、部分落实责任，不断激发全员参与安全生产工作的积极性和主动性，形成良好的安全文化氛围。此外，考虑到责任制需面向一线生产人员，考核制度和标准应明确清晰、简单实用、通俗易懂。

四、国家相关标准规定对安全生产责任体系建设提出的要求

公司进行安全生产责任体系建设，一方面是自身安全管理水平提升的需要，另一方面是贯彻国家相关要求的需要。因此，建设安全生产责任体系时，首先应考虑满足国家相关文件中对目标与指导思想的要求，再结合本公司的实际情况进行个性化强调或提升。

2016年12月，中共中央国务院发布了《关于推进安全生产领域改革发展的意见》，要求进一步加强安全生产工作，推进安全生产领域改革发展。同时，明确了指导思想和目标任务。

（1）指导思想。全面贯彻党的十八大和十八届三中、四中、五中、六中全会精神，以邓小平理论、"三个代表"重要思想、科学发展观为指导，深入贯彻习近平总书记系列重要

讲话精神和治国理政新理念新思想新战略，进一步增强"四个意识"，紧紧围绕统筹推进"五位一体"总体布局和协调推进"四个全面"战略布局，牢固树立新发展理念，坚持安全发展，坚守发展决不能以牺牲安全为代价这条不可逾越的红线，以防范遏制重特大生产安全事故为重点，坚持安全第一、预防为主、综合治理的方针，加强领导、改革创新、协调联动、齐抓共管，着力强化企业安全生产主体责任，着力堵塞监督管理漏洞，着力解决不遵守法律法规的问题，依靠严密的责任体系、严格的法治措施、有效的体制机制、有力的基础保障和完善的系统治理，切实增强安全防范治理能力，大力提升我国安全生产整体水平，确保人民群众幸福安康、共享改革发展和社会文明进步成果。

（2）目标任务。到2020年，安全生产监管体制机制基本成熟，法律制度基本完善，全国生产安全事故总量明显减少，职业病危害防治取得积极进展，重特大生产安全事故频发势头得到有效遏制，安全生产整体水平与全面建成小康社会目标相适应。到2030年，实现安全生产治理体系和治理能力现代化，全民安全文明素质全面提升，安全生产保障能力显著增强，为实现中华民族伟大复兴的中国梦奠定稳固可靠的安全生产基础。

2022年4月，国务院安全生产委员会印发《"十四五"国家安全生产规划》提出了指导思想和规划目标：

① 指导思想：以习近平新时代中国特色社会主义思想为指导，全面贯彻落实党的十九大和十九届历次全会精神，增强"四个意识"、坚定"四个自信"、做到"两个维护"，紧紧围绕统筹推进"五位一体"总体布局和协调推进"四个全面"战略布局，坚持人民至上、生命至上，坚守安全发展理念，从根本上消除事故隐患，从根本上解决问题，实施安全生产精准治理，着力破解瓶颈性、根源性、本质性问题，全力防范化解系统性重大安全风险，坚决遏制重特大事故，有效降低事故总量，推进安全生产治理体系和治理能力现代化，以高水平安全保障高质量发展，不断增强人民群众的获得感、幸福感、安全感。

② 规划目标。到2025年，防范化解重大安全风险体制机制不断健全，重大安全风险防控能力大幅提升，安全生产形势趋稳向好，生产安全事故总量持续下降，危险化学品、矿山、消防、交通运输、建筑施工等重点领域重特大事故发生得到有效遏制，经济社会发展安全保障更加有力，人民群众安全感明显增强。到2035年，安全生产治理体系和治理能力现代化基本实现，安全生产保障能力显著增强，全民安全文明素质全面提升，人民群众安全感更加充实、更有保障、更可持续。

根据国家的相关要求，公司结合自身的安全管理方法和现状，可以制定公司安全生产责任体系建设的目标。除了对原则和安全管理愿景等的描述，应该能够量化、细化，只有这样才能让每一个员工有更加直观深切的感受，才能领会公司实践安全管理的决心。

这些目标并不能仅仅停留在纸面上或墙上，而应该使员工真正体会到真正认同这些目标，真正相信公司会这样做，这样员工才能在日常工作中安全生产责任体系的各项要求。组织承诺就是为了实现上述目标而提出管理理论。

组织承诺也称"组织归属感""组织忠诚"等。组织承诺一般是指个体认同并参与一个组织的强度。它不同于个人与组织签订的工作任务和职业角色方面的合同，而是一种"心理合同"或"心理契约"。在组织承诺里，个体确定了与组织连接的角度和程度，特别是规定了那些正式合同无法规定的职业角色外的行为。高组织承诺的员工对组织有非常强的认同感和归属感。具体到安全管理中，组织承诺是要员工从情感上、规范上认同公司安全生产责任体系的要求并承诺将其落实到自身的日常工作中，而公司则承诺按照规定进行管理。安全管理中常见的组织承诺管理方法是安全管理承诺书。结合上述公司的安全生产责任体系建设目标，形成每个岗位的安全管理承诺书。在签订安全管理承诺书时应该加入仪式感，使其成为公司安全文化的有机组成部分。

第二节　安全生产责任体系建设的基本思路与规划

一、安全生产责任体系建设的基本原则

为了保证安全生产责任体系的落地和有效运行，企业在机制建设过程中，应符合国家相关要求，《关于推进安全生产领域改革发展的意见》提出了以下基本原则：

（1）坚持安全发展。贯彻以人民为中心的发展思想，始终把人的生命安全放在首位，正确处理安全与发展的关系，大力实施安全发展战略，为经济社会发展提供强有力的安全保障。

（2）坚持改革创新。不断推进安全生产理论创新、制度创新、体制机制创新、科技创新和文化创新，增强企业内生动力，激发全社会创新活力，破解安全生产难题，推动安全生产与经济社会协调发展。

（3）坚持依法监管。大力弘扬社会主义法治精神，运用法治思维和法治方式，深化安全生产监管执法体制改革，完善安全生产法律法规和标准体系，严格规范公正文明执法，增强监管执法效能，提高安全生产法治化水平。

（4）坚持源头防范。严格安全生产市场准入，经济社会发展要以安全为前提，把安全生产贯穿城乡规划布局、设计、建设、管理和企业生产经营活动全过程。构建风险分级管控和隐患排查治理双重预防工作机制，严防风险演变、隐患升级导致生产安全事故发生。

（5）坚持系统治理。严密层级治理和行业治理、政府治理、社会治理相结合的安全生产治理体系，组织动员各方面力量实施社会共治。综合运用法律、行政、经济、市场等手段，落实人防、技防、物防措施，提升全社会安全生产治理能力。

国务院安全生产委员印发《"十四五"国家安全生产规划》提出了以下基本原则：

（1）系统谋划，标本兼治。坚持总体国家安全观，树立系统观念，统筹发展和安全，将安全发展贯穿于经济社会发展各领域和全过程，努力塑造与安全发展相适应的生产生活方式，筑牢本质安全防线，构建新安全格局，更好地实现发展质量、结构、规模、速度、效益、安全相统一。

（2）源头防控，精准施治。坚持目标导向、问题导向和结果导向，科学把握安全风险演化规律，坚持底线思维，在补短板、堵漏洞、强弱项上精准发力，加快实施一批重大政策和重大工程，从源头上防范化解风险，做到风险管控精准、预警发布精准、抢险救援精准、监管执法精准。

（3）深化改革，强化法治。坚持运用法治思维和法治方式提高安全生产法治化、规范化水平，深化安全生产体制机制改革，加快形成系统完整、责权清晰、监管高效的安全生产治理制度体系；深入推进科学立法、严格执法、公正司法、全民守法，依靠法治筑牢安全生产屏障。

（4）广泛参与，社会共治。坚持群众观点和群众路线，充分发挥社会力量的作用，动员全社会积极参与安全生产工作，积极推进安全风险网格化管理，进一步压实企业安全生产

主体责任，构建企业负责、职工参与、政府监管、行业自律、社会监督的安全生产治理格局。

二、安全生产责任体系建设的基本思路

安全生产责任体系建设的基本思路主要是指企业对安全生产责任体系建设的内容、逻辑关系、涉及的工作范围等的预期设想和规划。基本思路对于安全生产责任体系建设有着非常重要的意义。

对于安全生产责任体系建设的内容和前后逻辑，在《企业安全生产责任体系五落实五到位规定》（安监总办〔2015〕27号）中，明确规定了企业建设安全生产责任体系工作的"基本思路"。

（1）必须落实"党政同责"要求，董事长、党组织书记、总经理对本企业安全生产工作共同承担领导责任。

企业的安全生产工作能不能做好，关键在于主要负责人。实践也表明，凡是企业主要负责人高度重视的、亲自动手抓的，安全生产工作就能够得到切实有效的加强和改进，反之就不可能搞好。因此，必须明确企业主要负责人的安全生产责任，促使其高度重视安全生产工作，保证企业安全生产工作有人统一部署、指挥、推动、督促。

企业中的基层党组织是党在企业中的战斗堡垒，承担着引导和监督企业遵守国家法律法规，参与企业重大问题决策、团结凝聚职工群众、维护各方合法权益、促进企业健康发展的重要职责。习近平总书记强调要落实安全生产"党政同责"；党委要管大事，发展是大事，安全生产也是大事；党政一把手必须亲力亲为、亲自动手抓。因此，各类企业必须要落实"党政同责"的要求，党组织书记要和董事长、总经理共同对本企业的安全生产工作承担领导责任，也要抓安全、管安全，发生事故要依法依规一并追责。

（2）必须落实安全生产"一岗双责"，所有领导班子成员对分管范围内安全生产工作承担相应职责。

安全生产工作是企业管理工作的重要内容，涉及企业生产经营活动的各个方面、各个环节、各个岗位。安全生产人人有责、各负其责，这是做好企业安全生产工作的重要基础。抓好安全生产工作，企业必须要按照"一岗双责""管业务必须管安全、管生产经营必须管安全"的原则，建立健全覆盖所有管理和操作岗位的安全生产责任制，明确企业所有人员在安全生产方面所应承担的职责，并建立配套的考核机制，确保责任制落实到位。

企业领导班子成员中，主要负责人要对安全生产负总责，其他班子成员也必须落实安全生产"一岗双责"，既要对具体分管业务工作负责，也要对分管领域内的安全生产工作负责，始终做到把安全生产与其他业务工作同研究、同部署、同督促、同检查、同考核、同问责，真正做到"两手抓、两手硬"。这也是习近平总书记重要讲话所要求的，是增强各级领导干部责任意识的需要。所有领导干部，不管在什么岗位、分管什么工作，都必须在做好本职工作的同时，担负起相应的安全生产工作责任。

（3）必须落实安全生产组织领导机构，成立安全生产委员会，由董事长或总经理担任主任。

企业安全生产工作涉及各个部门，协调任务重，难以由一个部门单独承担。因此，企业要成立安全生产委员会来加强对安全生产工作的统一领导和组织协调。企业安全生产委员会一般由企业主要负责人、分管负责人和各职能部门负责人组成，主要职责是定期分析企业安

全生产形势，统筹、指导、督促企业安全生产工作，研究、协调、解决安全生产重大问题。安全生产委员会主任必须要由企业主要负责人（董事长或总经理）来担任，这有助于提高安全生产工作的执行力，有助于促进安全生产与企业其他各项工作的同步协调进行，有助于提高安全生产工作的决策效率。另外，主要负责人担任安全生产委员会主任，也体现了对安全生产工作的重视，体现了对企业职工的感情，体现了勇于担当、敢于负责的精神。

（4）必须落实安全管理力量，依法设置安全生产管理机构，配齐配强注册安全工程师等专业安全管理人员。

落实企业安全生产主体责任，需要企业内部组织架构和人员配备上对安全生产工作予以保障。安全生产管理机构和安全生产管理人员，是企业开展安全生产管理工作的具体执行者，在企业安全生产中发挥着不可或缺的作用。分析近年来发生的事故，企业没有设置相应的安全生产管理机构或者配备必要的安全生产管理人员，是重要原因之一。因此，对一些危险性较大行业的企业或者从业人员较多的企业，必须设置专门从事安全生产管理的机构或配置专职安全生产管理人员，确保企业日常安全生产工作时时有人抓、事事有人管。

（5）必须落实安全生产报告制度，定期向董事会、业绩考核部门报告安全生产情况，并向社会公示。

企业安全生产责任制建立后，还必须建立相应的监督考核机制，强化安全生产目标管理，细化绩效考核标准，并严格履职考核和责任追究，来确保责任制的有效落实。

（6）必须做到安全责任到位、安全投入到位、安全培训到位、安全管理到位、应急救援到位。

企业要保障生产经营建设活动安全进行，必须在安全生产责任制度和管理制度、生产经营设施设备、人员素质、采用的工艺技术等方面达到相应的要求，具备必要的安全生产条件。从实际情况看，许多事故发生的重要原因就是企业不具备基本的安全生产条件，为追求经济利益，冒险蛮干、违规违章，甚至非法违法生产经营建设。"五个到位"的要求在相关法律法规、规章标准中都有具体规定，是企业保障安全生产的前提和基础，是企业安全生产基层、基础、基本功"三基"建设的本质要求，必须认真落实到位。

除了基本思路，总体思路明确了企业安全生产责任体系建设的总体目标是建设通用化的体系还是建立具有个性化的机制，是采用内部力量建设还是引入外部专家，建设步骤是分阶段完成还是一次全部建成，每个阶段或整个建设工作分成哪几个步骤等。总体思路需要企业根据自身情况、集团公司和政府要求等综合考虑，可以借鉴但不应简单抄袭其他企业的现成思路。

三、安全生产责任体系建设的规划

（1）全面启动阶段。各部门根据部门业务特点和安全生产实际，制定推进方案，抓好组织落实，按照"管业务必须管安全、管生产必须管安全"和"谁主管、谁负责"的要求，督促公司全面行动起来，认真学习相关法律法规，掌握和履行安全生产责任制的内容和要求，为建立和落实全员岗位安全生产责任制打下坚实基础。

（2）组织落实阶段。各部门建立健全涵盖所有层级和所有岗位的安全生产责任制，并结合本部门工作需求进行公示或岗位责任学习，各部门制定安全责任制培训方案，如实记录培训情况。建立健全生产责任制考核制度及考核表，对全员岗位安全生产责任制落实情况进行考核管理。坚持过程考核和结果考核相结合，科学设定可量化的考核指标，健全公司全员岗位安全生产责任制落实情况与奖励惩处挂钩制度，强化岗位责任制的落实，各部门要采取检查、抽查。及时发现存在的共性问题和薄弱环节，指导、推动公司持续改进，不断提升公司全员岗位安全生产责任落实质量和标准。

（3）考核验收阶段。严格按照制定的安全生产责任制管理考核制度对全员岗位安全生产责任制落实情况进行认真考核，并将考核结果与奖励惩处挂钩。各部门对本部门各岗位落实全员岗位安全生产责任制情况进行考核，重点考核全员岗位安全生产责任制的建立、公示、教育培训及考核情况。对落实全员岗位安全生产责任制过程中存在的违章操作、规章指挥、不遵守操作规程、不遵守公司"安全生产禁令"等行为，依照公司相关规定予以处罚，并纳入岗位晋升、绩效考核等范围内。

建立安全生产责任体系并不是一蹴而就的简单工作，需要参与人员对安全生产责任体系的内涵和企业现有安全管理优缺点都有非常深刻的理解，同时需要耗费巨大的人力和物力资源才能完成。安全生产责任体系建设完成后，也不是一劳永逸，还需要根据实际运行的结果和反馈，不断定期完善机制的各个具体部分，确保整个机制不断优化，不断适应企业发展的安全管理需要，切实成为企业安全管理的有机组成部分。

正是因为安全生产责任体系建设的艰巨性，企业在安全生产责任体系建设工作中应注意以下几方面的问题：

（1）不观望，尽早开始。安全生产责任体系与安全生产标准化已经成为公司不容忽视的重要工作之一，因此公司应积极主动开展安全生产责任体系建设，而不要观望其他企业是否开始。

（2）调集精兵强将，一段时间集中力量完成机制建设。安全生产责任体系建设需要具体建设人员既能够深刻领会安全生产责任体系的内涵和要求，同时也非常熟悉企业安全管理的现状，明白自身的优缺点。因此，不能抽调工作不力的员工去做建设工作。恰恰相反，应抽调相关部门的优秀员工集中工作，并给予一定时间的脱产政策。

（3）公司领导层应积极学习安全生产责任体系的知识。安全生产责任体系建设涉及各个单位，仅仅依靠执行具体工作的体系建设成员，往往难以胜任对各方协调的任务。公司领导层尤其是总经理的大力支持是安全生产责任体系建设成功的关键。要能够科学指导机制建设小组的工作，公司领导层必须积极学习安全生产责任体系的知识，确保不会干扰建设方向。有些公司在建设安全生产责任体系时，非常重视利用内外部专家进行培训，就是一个非常好的办法。

为了使体系创建进展顺利，必须制定整体进度计划，进度计划应详细到天，整体进度计划可采用甘特图表示，并悬挂于创建领导小组成员易于看到的地方。

体系创建领导小组应保证不超过两天开一次碰头会，会议内容包括检查工作进度、存在的问题、解决方案、下一步工作的部署。

企业有必要对项目成员独立、脱产，事前明确考核指标和规范，为后续的考核工作奠定基础。项目成员定期、按质量完成进度计划的任务后，企业应给予其不低于原岗位考核优秀的工资和奖金。同时企业应对参与安全生产责任体系建设的成员根据机制建设的时间，核减其全年原岗位工作量考核要求。

第六章
安全生产责任体系建设准备与启动

第一节　安全生产责任体系建设的要求和程序

安全生产责任体系的建立是一个系统工程。建立科学合理的安全生产责任体系，就要求企业按照"横向到边，纵向到底"和"一岗双责"的原则，充分建立起一级对一级负责的层级负责制和个人对岗位负责的岗位责任制，通过安全目标责任的落实和考核及责任追究，加强各层各级岗位人员的责任心，强化安全工作的目的性和有效性。"全覆盖、无死角"的责任体系是全面实现安全管理目标的基本保障。

建立安全生产责任体系的目的，一方面是明确企业各级领导干部、各部门、各岗位人员的安全责任，增强其对隐患排查治理的责任感，减少推诿扯皮现象的发生；另一方面是依据安全生产责任体系进行考核，充分调动各级领导干部、各部门、各岗位人员对安全管理工作的积极性，确保安全生产。

一、体系要求

企业必须坚持"管行业必须管安全、管业务必须管安全、管生产经营必须管安全"和"一岗双责、党政同责、齐抓共管"的原则，建设、完善和落实安全生产责任体系。实行安全管理分级负责制，下级对上级负责，协调责任权利关系。

严格落实国家、上级部门有关安全方面的方针政策、法律法规、标准和相关规定。

企业负责人（或实际控制人）对安全管理工作全面负责，企业其他领导在履行自己分管工作的责任的同时，还要履行好分管工作所涉及的安全责任。各部门负责人是其部门所辖业务的安全管理第一责任人，对本部门的安全管理工作负责。员工在部门负责人的组织、领导下各自履行好与本职工作相关的安全责任。

体系的内容应结合部门职责以及岗位职责进行编写，既要有全体员工共性的"应知应会"职责内容，也要有与其从事的工作相匹配的个性化安全职责内容，做到可量化、可执行、可考核。

安全生产责任体系的建立应"横向到边、纵向到底"，应覆盖企业全体员工和所有岗位，其内容应在年度安全生产责任书中具体体现。横向方面应根据本企业组织机构的设置及职责，分别制定出各组织机构、各部门的安全责任；纵向方面，应根据本企业的岗位设置及职责，分别制定出各级领导干部、各岗位员工的安全责任。

二、基本内容

充分调动各方力量，依靠全体员工共同参与，逐级落实，压紧压实安全责任，全面做好安全生产工作。建立安全生产责任体系，主要是以下方面的内容。

1. 领导层面

坚持"党政同责、一岗双责、尽职履责、失职追责"。

2. 管理层面

落实行业主管部门直接监管、安全监管部门综合监管、地方政府属地监管；坚持"管行业必须管安全、管业务必须管安全、管生产经营必须管安全"。

3. 企业层面

坚持全员履职，明确每一个岗位所必须履行的安全职责。建立健全"两个体系"，安全生产保证体系和监督体系各司其职以监督促保证，形成合力。

落实"四个责任"，落实领导责任、技术责任、监督责任和现场管理责任。做到"四个必须"，必须把制度体系建设放在首位，必须把安全文化建设贯穿始终、必须把教育培训作为长期任务，必须把接受监督管理作为重要保障。

落实直线责任，安全生产分级管理，下级对上级逐级负责。落实属地责任，界定各个部门、各个层次、各个单位管辖范围的安全职责。丰富"谁主管，谁负责"的内涵，做到：谁主办，谁负责；谁审批谁验收，谁负责；谁开发，谁受益；谁管理，谁负责；谁在岗，谁负责；谁检查，谁负责。

坚持合法合规，做到责任制建设必须与现行相关法律法规、上级单位安全要求相一致。坚持结合实际，责任体系制度规定，必须符合企业的生产经营特点和安全风险实际情况。坚持全员参与，组织岗位员工参与制度编制，"写你所做，做你所写"。坚持持续改善，定期评审责任体系，及时修订更新，以适应安全管理的现实需要。

第二节 安全生产责任体系建设的一般流程与安排

安全生产责任体系是根据安全管理规律而提出的系统性管理制度、流程、方法等的集合，其建设要遵循管理机制的一般流程，同时也要结合安全生产法中的相关要求展开。在不同的阶段，不同的参与主体的责任、工作各有不同，最终完成整个体系的建设任务。

一、安全生产责任体系建设的一般流程

安全生产责任体系的建设是一项复杂的任务，需要全面且深入的规划和执行。构建这样一个体系的首要步骤是明确其目标，明确通过体系达到什么样的安全水平。在明确目标后，需要明确安全生产责任体系的所有参与者，包括管理层、员工、相关部门。每个参与者的角色和职责需要清晰地定义和传达，以确保每个人的职责所在。

开展全面的风险评估。通过持续的风险评估工作，对所有活动、设备和流程进行深入分析，以识别可能导致安全事故的风险。在评估过程中，详细了解这些风险可能对目标产生什么样的影响，以及应该如何减少这些风险。风险评估不应该是一次性的活动，而应该随着业务环境的变化和新的信息的出现进行更新。需要制定相应的政策、程序和控制措施，以便减少风险到可接受的水平。这些措施可能包括设备的维护、工作流程的

优化、员工的培训等。

一旦制定了风险管理策略，就需要实施。这需要将策略转化为具体的行动，例如对员工进行安全培训，以确保他们了解并能够遵守安全规定。实施过程中，需要对策略的执行情况进行持续的监控，以便及时发现和解决问题。此外，还需要进行定期的效果评估，以检查安全生产责任体系是否运行正常，以及是否达到了预期的目标。根据评估结果，可能需要对体系进行适当的调整和改进。安全生产责任体系的建设是一个持续不断的过程，需要不断地评估、学习和改进，以适应不断变化的环境和需求。

依据工作实践，安全生产责任体系建设流程一般为从安全生产责任制的制定、责任制的宣贯、责任制的落实、监督检查、责任制考核、评审和调整等方面，如图 6-1 所示。

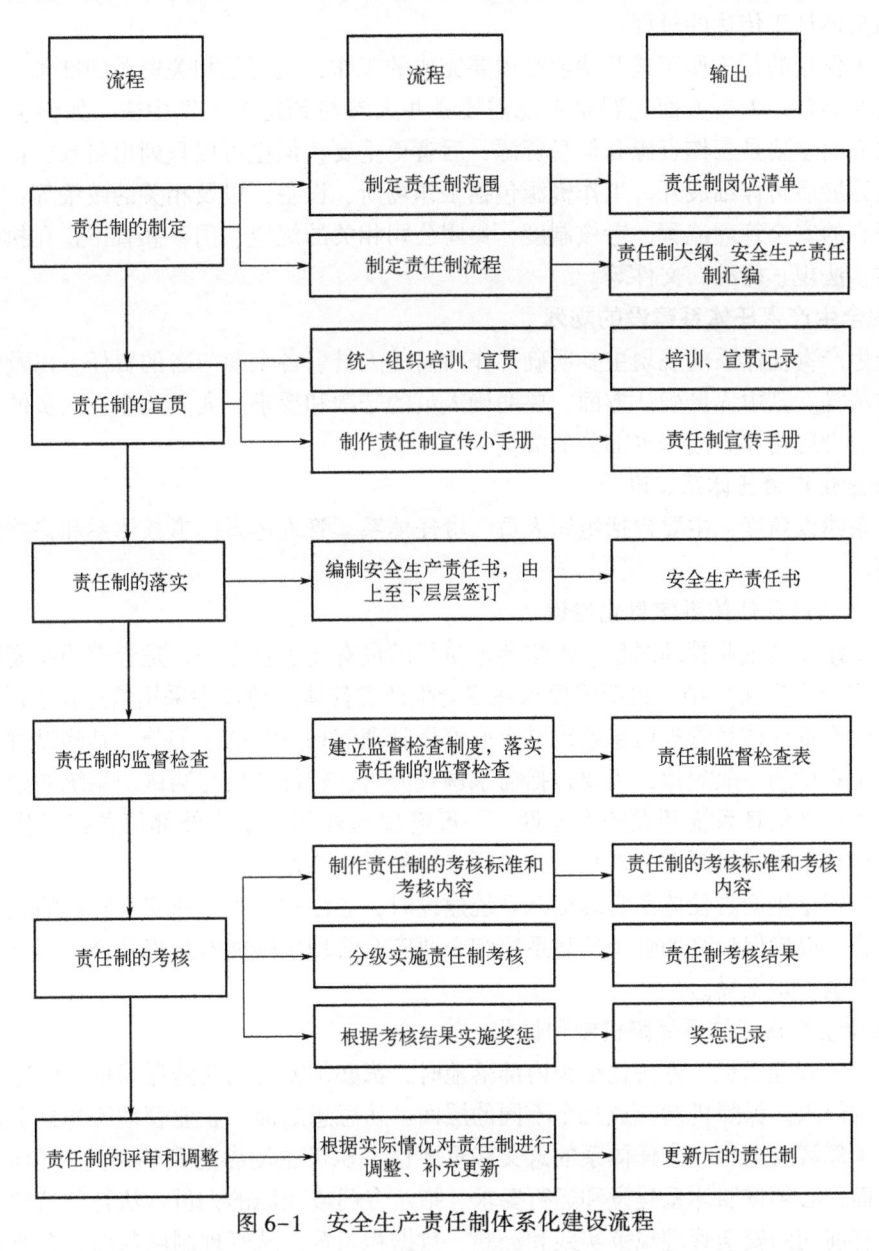

流程	流程	输出
责任制的制定	制定责任制范围	责任制岗位清单
	制定责任制流程	责任制大纲、安全生产责任制汇编
责任制的宣贯	统一组织培训、宣贯	培训、宣贯记录
	制作责任制宣传小手册	责任制宣传手册
责任制的落实	编制安全生产责任书，由上至下层层签订	安全生产责任书
责任制的监督检查	建立监督检查制度，落实责任制的监督检查	责任制监督检查表
责任制的考核	制作责任制的考核标准和考核内容	责任制的考核标准和考核内容
	分级实施责任制考核	责任制考核结果
	根据考核结果实施奖惩	奖惩记录
责任制的评审和调整	根据实际情况对责任制进行调整、补充更新	更新后的责任制

图 6-1　安全生产责任制体系化建设流程

二、安全生产责任体系建设的安排

做任何复杂性的系统工作之前，都必须对整个工作的全局有一个较为准确、宏观的理解。因此，企业管理人员应从整体上把握安全生产责任体系建设的 6 个步骤所包含的主要工作，以便后续能够进行科学合理的顶层规划和工作安排，确保所有的工作能够形成一个有机整体。

1. 安全生产责任体系的准备与启动

准备与启动阶段是安全生产责任体系建设的开始，包括领导决心和前期工作准备等。决心下达主要是领导就安全生产责任体系建设与否以及范围、阶段等，在本企业内部达成一致，并向全体员工传达的过程。

前期工作指的是工作正式开始前必须要完成的工作，主要是相关资源的准备，如人和物方面的前期准备。人员方面主要是考虑需要哪些人参与到这个工作中来，如何去找到这些人；物的方面主要是工作资源和信息资源；后者更重要，但也可以只列出目录，待体系建设工作正式开展后再详细展开。工作资源包括工作场所、设备，以及相关的政策等；信息资源如企业现有的安全管理流程、考核制度，集团公司相关的规定、国家和省市正在执行的安全管理法律、法规、标准、文件等。

2. 安全生产责任体系建设的规划

安全生产责任体系的规划主要明确工作所需的人员、各个参与者的责任，以及整体建设思路和方法等。其中人员确认方面，要明确人员的来源和要求，尤其是企业人员的组成和来源；整体建设思路和方法是本部分的关键。

3. 安全生产责任体系建设

从体系建设角度，主要包括组织人员、责任体系、管理体系、考核体系和保障体系几个主要方面。

4. 安全生产责任体系信息化建设

信息化建设是企业管理思想、方法落地执行的最有效手段之一，是管理的使能器和放大器。在《安全生产法》中，也明确要求在安全生产责任体系建设中采用信息化手段。

安全生产责任体系管理信息系统是企业安全管理信息系统的一部分，其建设过程遵循管理信息系统建设的一般规律，主要包括需求调查分析、软件开发与测试、系统初始化与试运行等。由于管理信息系统开发的专业性，一般需要与外部专家或外部信息技术公司共同开发。管理信息系统项目开发管理是企业必须重视的重要工作。

在进行安全生产责任体系管理信息系统建设时，应注意与本企业安全管理的流程、制度等紧密结合，以确保最终的管理信息系统和企业安全管理实践能够紧密结合，真正成为企业离不开的安全管理工具。

5. 安全生产责任体系保障机制和优化

任何一种管理思想、方法在组织内部落地时，都必须要有相关的保障机制跟进才能确保达到理想的效果。保障机制分成几个不同的层面：从思想层面，企业管理者和技术人员、普通员工必须理解安全生产责任体系的意义和重要性，积极主动参与到体系建设和运行中来；从组织层面，必须按照体系建设和运行要求，指定专门或兼职的人员；从管理基础层面，企业必须要有前期的安全管理规范实践和经验、数据积累等；从管理制度层面，企业必须制定如何保证和督促员工在日常工作中执行安全生产责任体系的制度和流程（即考核机制），确保其能够在企业基层管理中落地；从系统性层面，安全生产责任体系的落地不仅是某一方面或某一个部门的工作，需要统筹各方的力量，形成合力。

上述五个方面的建设工作在企业中实施时，根据企业的目标、基础和合作伙伴能力等的不同，所需要的时间亦不同。如果企业一把手重视，管理基础又比较好，则能快速地完成安全生产责任体系建设。

三、安全生产责任体系建设中企业的关键工作

在企业中建立安全生产责任体系涉及的范围很大，工作繁多，其中有些工作实施起来有较大的难度，但对于整个体系建设具有重要的支撑意义。这些关键性的工作尤其需要予以重视。

（1）安全生产责任体系与本企业现有安全管理制度的融合。

安全生产责任体系的关键在落实。如果企业完全抛开自己长期运行的安全管理方法、流程、制度等，可能会遇到员工难以理解、不习惯操作等情况，甚至形成严重的抵触情绪。在这种情况下，企业期望安全生产责任体系在本企业内部能够长期运行是非常困难的，更遑论不断优化。因此，企业必须全面梳理自身与安全有关的管理制度、流程、方法等，按照安全生产责任体系与企业现有制度的融合，实现新体系的可操作、可运行。

（2）安全生产责任体系的考核体系。

安全生产责任体系的关键在于落地，这就需要企业相关考核机制的跟进，尤其是长期内的落地和优化。考核机制更是关键，在建立安全生产责任体系之前，企业显然不可能就其制定考核体系。因此，在安全生产责任体系后，企业必须根据体系运行可能出现的问题，制定针对性的考核体系，督促员工在日常工作中实现对安全生产责任体系的贯彻。考核体系必须合理、明确、完善、便于操作，且需要最高领导的坚决支持。

（3）安全生产责任体系管理信息系统的设计、开发与实施。

信息管理手段是安全生产标准化中对安全生产责任体系的明确要求之一，既是体系建设中的重要组成部分之一，也是难点之一。由于安全生产责任体系重在落地，而管理信息系统则集思想、方法、流程、制度等于一体，是企业推动安全生产责任体系的关键措施之一。可以说，无论是体系的运行流程还是考核流程，离开了一个强大的管理信息系统支持，都会事倍功半。安全生产责任体系管理信息系统的开发，需要对体系的内涵和要求有深刻的理解，同时还必须对本企业的安全管理流程等非常熟悉，对于管理信息系统本身也需有一定的经验，因而开发难度非常大。一般情况下，企业可以与外部专业机构合作开发。

（4）企业中建立全员重视、全员参与体系建设的氛围。

安全管理的最高境界就是文化管理。在体系建设阶段，企业内部应形成全员重视、全员参与体系建设的氛围，才能确保所设计的体系、所开发的管理信息系统能够与企业实际情况很好吻合，才能得到员工的支持，才能在日常的生产活动中得到贯彻。

安全生产责任体系建设几乎对于每一个企业来说都是一个需要探索的、重要的工作。五步流程是一个普遍性的流程，不同企业结合自身的特点，也会有所增加或调整，但这五步流程体现了安全生产责任体系建设的内在规律性。企业在进行体系建设前，应提前做到对工作内容和步骤心中有数，这样才能根据流程科学规划时间和资源，确保安全生产责任体系建设工作的成功、顺利开展。

第三节　安全生产责任体系建设的决策与准备

安全生产责任体系的决策与准备是整个工作的最初始阶段，核心任务是下决心在企业内部进行安全生产责任体系建设，并做好整个项目开始前的规划和准备。

一、安全生产责任体系建设的决策

国家各级政府主管和监管部门都非常重视安全生产责任体系的建设，甚至是提出明确要求的安全管理任务，也是《安全生产法》中的强制要求。虽然其理论和实践意义都非常重大、法律法规要求都非常明确，但一些企业仍然没有真正认识到安全生产责任体系在本企业建设的重要性。思想上没有认识到安全生产责任体系的重要性，则在实践中很难重视，更难以执行到位。企业没有认识到安全生产责任体系重要性的原因很多，经过调查发现，在不同企业中主要存在两种截然不同的声音：第一种声音认为当前企业安全管理非常好，说明现在的安全管理方法是合理的、措施是得力的，那么就不需要再进行调整；第二种声音则认为安全生产责任体系没什么新意，只是对企业的瞎折腾，反而干扰了企业的日常安全管理。这两种思想看似差别很大，其实本质都是对安全工作失之于麻痹大意，思想上出现了自满和懈怠的情绪。

企业应坚决杜绝上述思想，充分认识到安全生产责任体系的价值和意义，充分领会各级政府部门的决心，从而坚定自身建设安全生产责任体系的决心。安全生产责任体系建设决策的契机都在企业的高层管理人员，并最终在企业上下形成一个共识。一般而言，安全生产责任体系建设决策包括以下几个阶段。

（1）领导层对安全生产责任体系的学习和领会。

安全生产责任体系是对多年来安全管理理论与实践的一次总结提升，一些基本思想、方法等与现有的常见安全管理方法有较大差别。因此，企业领导层，尤其是主要负责人，必须要对安全生产责任体系的相关知识进行深入学习，掌握安全生产责任体系的内涵和机理，从而真正了解、认同安全生产责任体系的理念和方法。只有领导的充分认识和理解，才能将重视传达给员工，才能在具体工作建设中提出科学、合理的要求。

（2）领导层内部对安全生产责任体系建设的主要内容达成一致。

通过相关学习和培训，企业领导层对于安全生产责任体系取得了一定的认识，但每个人的认识可能各有不同。因此，企业主要负责人应在领导班子内部对安全生产责任体系建设的主要内容、范围等，根据企业的实际情况达成一致。安全工作涉及全局，如果无法取得每一个部门主管领导的理解和支持，未来的安全生产责任体系建设工作可能会遇到各种各样的阻力，最终运行也会受到极大的限制。

（3）主管领导对安全生产责任体系建设形成初步设想。

基于领导集体对安全生产责任体系建设的主要内容、范围等达成的一致意见，主管领导应形成本企业安全生产责任体系建设的初步构想。这项工作一般由安全生产管理人员负责，常见的工作内容包括以下方面。

① 安全生产责任体系建设的时间。主要是安全生产责任体系的启动时间，大致的截止时间等。这里的起止时间是一个大致的预期，并不是准确的计划。

② 主管部门和协助部门。主管部门一般是安全主管部门，协助部门主要是体系建设和

运行最主要的几个负责部门。

③ 对现有资源的利用程度。企业要决定是否利用现有资源，利用哪些资源。利用现有资源越多，工作量就越小，但受现有工作质量、合理性等的制约就越大。这里的权衡需要主管领导予以反复考量。

④ 是否要考虑与本企业现有的安全管理制度融合。安全生产责任体系并不是要求在企业现有的安全管理制度、方法之外另搞一套，而是应和现有的安全管理制度形成一定的融合，以确保将来该体系能够在企业内部得到有效的贯彻。但这并不是说企业现有的所有安全管理制度等都是不能调整的。对于和安全生产责任体系思想、方法有冲突、重复等的内容，需要予以调整；对于原来管理方法中复杂不便、员工有意见的地方，应予以优化或删改。主管领导应对哪些制度和方法予以保留，哪些则予以修改等，有一个初步的设想。

⑤ 是否要寻求合作单位，如果有合作单位，应如何选择等。安全生产责任体系建设需要对机制的内涵、理论体系等有较准确的理解。另外，无论是信息系统建设或考核体系等，都需要借鉴其他企业的经验。因此，外部专家在体系建设过程中尤其重要。如果企业安全管理实力不是特别强，可以考虑与外部专家合作。当前外部专家来源不一，对安全生产责任体系的理解程度亦不同，因此主管领导需要对此有一定的了解才能做出较为合理的选择。

(4) 最高领导签发文件。在企业内部即将进行安全生产责任体系建设，主管领导根据企业的总体思路，拿出体系建设的大致设想后，企业主要负责人需要对主管领导的体系建设设想进行合议。一旦合议通过，主要负责人应通过签发文件的形式，在企业内部明确要进行安全生产责任体系建设，并对体系建设的目标、方法、人员、范围、时间等作出说明。

二、安全生产责任体系建设的准备

企业发布了开展安全生产责任体系建设的通知，确定了体系建设的总体规划后，就应开始在企业内部进行充分的动员与宣讲，使每一个员工都能够了解安全生产责任体系建设的意义、基本方法和流程等。毕竟，安全生产责任体系建设在企业内部的贯彻落实，需要每一个员工的参与和配合。宣传与动员包括从上到下的专家宣讲和从下到上的员工学习两方面，二者同样重要。

1. 专家宣讲

专家宣讲主要是从权威角度向员工讲述安全生产责任体系建设的来源、内涵、机理、标准、流程、所需做的工作等。专家宣讲的主要目的是让员工能够认识到安全生产责任体系建设的重要性，从内心认可体系建设，从能力上了解其究竟是什么以及该如何做。只要是有利于上述目标实现的宣讲人员、内容、形式等，都可以在专家宣讲工作中予以采纳。宣讲的专家可以来自企业内部的管理人员、集团公司的安全管理专家、领导，政府和高校、科研院所的专家等。

2. 员工学习

员工学习是一种从下到上的过程，通过员工对安全生产责任体系建设的学习，督促员工主动或被动了解自身在体系建设过程中应做什么样的工作，安全生产责任体系建设对自身有什么样的影响等。员工学习的目的是确保员工真正了解安全生产责任体系建设的重要性、内在机理，以及自身应该如何做。凡是有利于上述目标实现的活动或形式都可以采用，而不仅仅是传统意义上的集中学习。常见的宣传牌板、广播等，也都是非常有效的手段。

宣讲与动员是正式启动安全生产责任体系建设的一个重要阶段，否则在未来体系建设过程中难以取得员工真正的支持,也难以在企业日常工作中落实和体现。

第四节　安全生产责任体系建设外部专家组的引入

安全生产责任体系建设的内容与企业现有的安全管理思想、方法、手段等有一定相似,主要来源于企业的安全管理实践,然而在具体实践过程中,对其具体建设过程觉得难以把握。在这种情况下,企业在充分调动自身力量的同时,也可以适当引入部分外部专家,使其在一定程度上支持或参与本企业的安全生产责任体系建设。

一、外部专家的作用

随着市场经济的不断深入发展和知识经济的迅速扩展,外部专家在越来越多的企业、越来越多的工作中起到了积极的作用。安全生产责任体系对于企业而言是一个较新的课题,外部专家的引入也是企业在安全生产责任体系建设工作中所采取的一项重要措施。

(1) 使企业快速了解安全生产责任体系的知识,确保企业安全生产责任体系建设的科学性和准确性。

无论是来自哪里的外部专家,企业所聘请的都是在安全生产责任体系理论研究、检查评估和实践中有着丰富经验的专家,其所具有的专业知识和经验,可以快速提升企业对安全生产责任体系的理解,能够使企业迅速、准确地了解安全生产责任体系的相关知识,从而确保企业在进行安全生产责任体系建设过程中保持正确的方向。

(2) 以外部专家的身份,客观评价企业当前管理现状。

协调安全生产责任体系建设过程中出现的问题,易取得各方认同。安全生产责任体系与企业现有的安全管理模式、方法等存在一定的区别。因此,企业要建设安全生产责任体系,就必须要对现有的安全管理现状做出准确的评价,并根据安全生产责任体系的要求,对管理思想、方法、制度等做出调整。显然,这种调整在企业内部势必会遇到各种各样的困难。外部专家以独立方的身份出现,与各方均无利益关联,因此外部专家的方案更易于取得各方的认同,从而降低安全生产责任体系建设过程中可能出现的阻力。

(3) 以专家身份,为企业安全生产责任体系建设提供咨询服务和解决方案。

安全生产责任体系有其特定的内涵、思路和方法,外部专家以其自身的专业知识和经验,能够提供更为专业的咨询服务和解决方案,从而大幅度降低了企业安全生产责任体系建设的难度,节约了前期摸索的时间。

外部专家的参与程度虽然不同,从座谈、讲座,到管理咨询、管理信息系统开发等,有着显著的区别,但上述促进作用,都能够在相应程度上达到不同的效果。

二、外部专家的来源与选择

外部专家来源主要包括四个方面,涉及企业、政府、高校和研究机构等。

(1) 对安全生产责任体系有研究的安全管理学者。

安全生产责任体系是安全管理理论和实践的最新创新成果,虽与现有安全管理思想、方法、体系、标准等有密切的联系,但仍具有鲜明的特色,具有自身的概念、框架、方法等体系。安全管理学者的主要工作就是理论研究,对于安全生产责任体系理论层面的理解更加深刻准确,有助于企业厘清基本概念,扫除一些思想上的困惑。

（2）对安全管理有丰富经验的实践专家。

安全生产责任体系并不是一个独立于所有安全管理体系、方法之外的一个全新的方法体系，也不是要在企业中另起炉灶，完全抛弃现有的好的安全管理方法。因此，企业需要了解自身的安全管理方法和特点，如何与安全生产责任体系相结合，并借建设体系之机，对自身的安全管理方法进行梳理和提升。这样就需要在安全管理方面有丰富经验的实践专家，讲解不同企业的管理方法如何与安全生产责任体系相结合，为本企业提供参考。

（3）已建设安全生产责任体系的外单位专家。

安全生产责任体系建设有其特殊性，很多企业对此存在各种各样的困惑。因此，借鉴已经建成安全生产责任体系的企业的经验、教训，对于本企业未来安全生产责任体系的建设有着重要意义。一般而言，企业可以通过各种渠道，了解行业内较为出色的安全生产责任体系建设企业，积极邀请这些企业的专家参与座谈和讲座。在企业安全生产责任体系建设工作中，这类专家的重要性最高。

（4）政府或其他安全生产责任体系检查评审专家。

虽然企业建设安全生产责任体系的根本目的是提升本企业的安全管理水平，但满足安全生产标准化和各级政府落实安全生产责任体系文件的相关要求，也是企业的重要目标之一。同时，安全生产标准化和一些政府的考核文件，对于安全生产责任体系的细节也有明确的规定，对于本企业的安全生产责任体系建设是不可忽视的重要依据。政府和检查评审专家的参与，对于保障本企业安全生产责任体系建设的方向正确性，有着重要的保证意义。

三、外部专家与企业内部员工的关系

虽然外部专家在安全生产责任体系建设中的作用非常重要，但企业安全生产责任体系的建设主体仍然是本企业内部员工，尤其是企业安全管理工作人员。在安全生产责任体系建设中应以本企业员工为核心，外部专家发挥咨询、建议、审核、查漏补缺等作用。因此，在企业建设安全生产责任体系工作中，企业应避免两种不正确的倾向。

第一种，忽视外部专家意见，坚持自己的看法。企业不能认为自身在安全管理方面有着充分的经验，对于外部专家的意见并不重视，有时甚至持抵触态度。

第二种，完全依赖外部专家，希望所有工作都由外部专家完成。外部专家可以按照安全生产标准化的要求进行规范化建设，但无法将本企业有特色的安全管理方法与安全生产责任体系有机融合。

因此，在安全生产责任体系建设过程中，企业应树立以自己为主的思想，积极利用外部专家的专业知识，保证本企业的安全生产责任体系建设工作能够准确、按时地完成。

四、外部专家的主要工作

根据外部专家的优势和企业对外部专家的定位，在整个安全生产责任体系建设过程中，外部专家的工作主要体现在以下几方面。

（1）安全生产责任体系理论与方法培训。

安全生产责任体系集中培训安排半天即可，主要介绍安全生产责任体系的产生背景、特点、目标、构成、运行模式等，集中培训内容要尽可能的简单易懂。

（2）协同完成安全生产责任体系与本企业安全管理方法的融合。

企业安全管理方法与安全生产责任体系融合是其在本企业落实的关键之一。外部专家可

以与本企业专家一起,梳理企业现有的安全管理思想、方法、制度,共同设计出一套体现自身特点的安全生产责任体系框架,从而保证本企业安全管理的延续性,提高安全生产责任体系的运行效果。

（3）安全生产责任体系管理信息系统的开发和培训。

安全生产责任体系管理信息系统建设有其特殊性。因此,为了确保开发出理想的安全生产责任体系管理信息系统,降低成本,保证时间进度,企业选择外部提供商进行合作开发。外部提供商负责对管理信息系统的软件开发、安装、数据初始化、培训以及优化等工作。

（4）安全生产责任体系考核与支持体系建设咨询。

建立安全生产责任体系的关键在于其应能在日常管理中得到运行。显然,仅仅提出应如何做的流程、制度等,并不能保证所有员工都按照规范执行,企业必须制定相关的考核制度和支持体系等。这方面也可以借用外部专家经验丰富的优势,提出适合企业现状的考核机制,制定完整的支持体系,确保安全生产责任体系中的各项规定均能够体现在每一个员工的日常工作中。

需要强调的是,企业对外部专家的定位问题。企业寻求外部顾问和专家的协助,不外乎希望借助他们的专业,解决企业在安全生产责任体系建设过程中遇到的各种疑惑和困难,小至某个概念模糊的问题,大至管理信息系统开发、考核制度流程建立等。但企业应明确,外部专家在整个安全生产责任体系建设过程中应是一个辅助的作用,那种期待专家可以帮企业解决所有问题的期望是不切实际的。企业寻求专家的协助,如同一般人生病去看医生,医生诊断后,给予一些建议和药方,但还得靠病人自己去实践这些做法和吃药,病才会痊愈。同样,专家可以给予企业建议和解决方案,很多工作仍得靠企业自己去做。此外,不同的专家所能提供的帮助也不太一样。因此,企业除了厘清自身安全生产责任体系建设的思路和难点,挑选合适的外部专家也是关键所在。

第五节　安全生产责任体系建设的领导与支持资源

安全生产责任体系建设时涉及每一个主要部门,也影响到每一个员工的切身利益,因此必须要有坚强的领导和足够的资源投入。这既是安全生产责任体系建设本身的需要,也是满足安全生产标准化要求的必要措施。

（1）安全生产责任体系领导小组的职责。

安全生产责任体系领导小组的职责主要有以下几个方面：

一是全面负责体系建设落实工作,关注工作建设进度。二是协调资源（尤其是人力资源）支持工作开展,及时解决工作中存在的困难。三是决定目标与关键思路,审核项目的成果,对流程、管理制度等成果予以审核。四是制定信息系统使用考核办法,督促体系在企业中的落实。

（2）安全生产责任体系领导小组的人员组成与分工。

安全生产责任体系领导小组分两个层次,一般为一个组长和若干个副组长。

一个组长是企业主要负责人。安全生产责任体系建设必须由一把手负责,这不仅是体系建设内在要求决定的,也是《安全生产法》和安全生产标准化中所规定的。

若干个副组长主要是书记、副书记、各部门主管领导人等，尤其是安全生产责任体系建设中所重点涉及的部门对应的分管领导，如安全分管领导、生产分管领导等。这些副组长中，安全分管领导是具体工作的牵头人，全面负责安全生产责任体系建设的工作，其他副组长则是负有在分管范围内全力配合体系建设的责任。当企业安全生产责任体系建设中需要某个部门的人力物力支持时，就需要分管领导的协调与支持。

（3）安全生产责任体系建设的人力物力资源。

根据单位的生产运行与人员组织情况以及岗位设置情况，选择成立安全生产责任体系的工作机构。

（4）安全生产责任体系建设的信息资源。

安全生产责任体系建设需要对企业现有的安全管理情况有着充分的了解，尽可能利用企业已有的成果。因而各种相关信息资源的收集和利用，就是安全生产责任体系建设过程中需要予以考虑的因素。

① 各类安全管理方法、制度等文件资源。

安全生产责任体系建设小组应充分掌握国家、省、市、集团公司、所发布的各种法律、法规、标准、规范、文件等资料，掌握当前与安全有关的所有业务的详细流程、分析总结和数据资料等。这些资源是使安全生产责任体系与本企业安全管理流程相结合的基础，尤其是对现有安全管理流程相关信息和数据的收集更是不容忽视。

② 各种安全相关电子数据资源。

经过长期的运行，绝大多数企业的安全管理都有着一定的基础，这些基础可以大大降低企业建设安全生产责任体系时的工作量。需要注意的是，安全生产责任体系建设小组收集各种数据并不是一定要完全按照收集的数据展开工作，更不是要将所有信息都原封不动地引至新的安全生产责任体系流程中。而是应该根据安全生产责任体系的内涵和思想，对企业现有的安全管理方法、制度等进行梳理，使其真正能够与安全生产责任体系思想和方法有机融合，形成既能满足企业安全生产标准化等要求的共性特点，又具有本企业安全管理特点的安全生产责任体系。

第七章
安全生产责任体系建立具体步骤

在具体实施环节,应当发动企业各级岗位及全员的力量,充分参与安全生产责任体系的建设过程,主要可以从以下几个方面展开:评估本企业的安全组织机构和岗位设置的合规情况;识别和评估本单位组织机构和各岗位的风险状况;编制责任体系文件目录或清单;组织有关机构、部门、人员开展文件编制;审查责任体系文件质量;根据审查意见完善体系文件;由职工代表大会或安全生产委员会审议批准发布。

第一节 安全生产责任组织机构建立

企业应依据新修改的《安全生产法》和有关规定成立安全生产委员会,所属生产经营单位成立本单位安全生产委员会,承担安全生产主体责任,全面负责本单位安全生产工作。

安全生产组织机构的主要职责如图7-1所示。企业中安全生产组织机构主要承担着安全生产责任体系的搭建及宏观把控,可以从两个方面出发:一方面是安全生产责任制的推行落实,明确各岗位职责,细化安全生产责任清单;另一方面协助组织制定并落实企业安全生产管理制度,并量化工作要求及考核标准。最终两方面的职责合二为一,落脚到考核上,通过经过量化的标准要求进行考核,以推进安全生产责任体系的进一步完善。

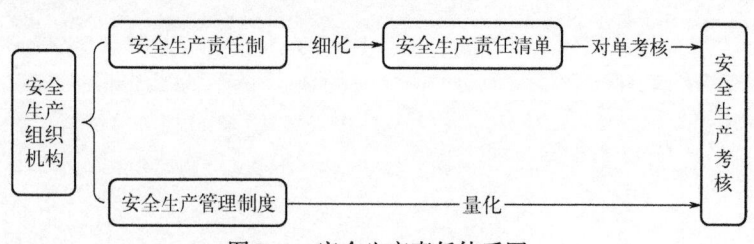

图7-1 安全生产责任体系图

针对各单位推行安全生产责任体系实际,企业主要负责人亲自参与方案的制定,各级管理人员要深入展开讨论,以明确各部门、各岗位的安全职责,一线员工要参与其中,对岗位职责要了然于心。只有企业全员参与,对安全生产责任体系编制高度认同,安全职责划分清晰,才能使编制推进工作事半功倍。

由企业负责人担任安全工作的总负责人,以安全领导小组(或安全生产委员会)为总决策管理机构,以安全管理部门为办事机构,以基层安全管理人员为骨干,以全体员工为基础,形成从上至下的安全工作组织架构。建成从企业负责人到一线员工的安全工作网络,确定各个层级的安全职责。

建立企业负责人为组长、其他班子成员为副组长、各副总及各职能部门和区队负责人为成员的安全生产委员会或安全领导小组，负责制定各专业各岗位安全责任制度并组织实施。各专业领域分别成立以分管负责人为组长、分管部门或区队负责人为副组长、分管部门或区队其他人员为成员的安全工作小组，负责分管范围内的每月、每旬、每日的安全检查和隐患排查并制定对应的安全责任落实措施。

安全生产委员会贯彻落实党和国家安全生产方针政策、法律法规、行业标准、技术规范和上级企业安全生产规章制度，研究协调安全生产工作，组织制定安全生产工作目标、规划等，审定重大安全投入计划、重大安全技术措施，健全完善安全生产监督管理体系，建立全员安全生产责任制，制定安全生产管理制度，组织安全生产工作调研与检查，研究重大安全隐患整改方案，确定各阶段重大安全活动，指挥协调生产安全事故抢险救援，组织开展事故调查和责任追究，强化安全管理工作。

企业安全部门负责检查监督全员安全生产责任制的落实情况，并通过年度风险管理及各专业领域每月、每旬、每日风险管理汇总、整理、公告等，细化动态追责安全责任的落实，并就责任追究提出建议意见。

第二节 企业现状评估及制度策划

一、现状评估

通过评估确认企业安全责任现状与上级安全标准之间不相符的地方。收集、整理企业现有的安全责任规章制度，并对其充分性、有效性和可操作性进行评价。

二、制度策划

在现状评估的基础上，进行安全生产责任体系规章制度策划，首先要确定以下内容：企业的安全目标与指标；企业的安全组织机构及职责；企业建立安全生产责任体系需要解决的人、财、物等方面的资源；企业安全工作的流程、程序；企业安全生产责任体系所需要的记录、表单、台账等资料；与企业现有安全管理机构、职责、安全规章制度等相关文件的关系。在策划阶段应明确以下要求：

（1）确定安全生产责任体系的编制范围，包括明确岗位安全生产责任涉及的安全相关职责，编制人员范围包括全体员工。

（2）明确安全生产责任体系编制必须收集业务相关的法律法规、标准规范、规章制度、岗位职责、安全职责等。

（3）明确安全生产职责与业务风险管控职责界限。通过梳理业务流程明确流程关键节点的安全职责要求。否则极易导致各岗位安全生产责任体系标准不一致，或通用安全生产职责存在漏项。

（4）明确各层级职责争议的解决方法，避免责任体系存在职责不清、扯皮推诿等问题。对于替岗人员不建议编制岗位安全生产责任，直接使用所替岗位安全生产责任即可。

（5）明确安全生产责任体系编制、审核、审批流程。

（6）明确安全生产责任考核标准要求，有益于推动安全生产责任体系形成良性循环。

根据各类安全生产标准规范中对开展安全工作所需要的规章制度的要求，企业在建立全员安全生产责任制的基础上，列明各岗位责任清单组织全员制订个人安全行动计划，还需要把责任分工和责任追究融入安全生产教育培训、劳防用品管理、安全生产风险分级管控、安全事故隐患排查治理、安全费用管理、安全生产会议管理、安全事故管理、职业卫生管理、消防安全管理、应急救援管理、危险作业管理、相关方安全管理、安全生产监督检查、安全生产考核、安全文化建设、安全信息化建设、不安全事件登记上报管理、不安全事件报告和举报奖励、事故隐患排查治理、重大事故隐患管理、事故隐患考核等制度文件，形成完整的安全责任文件体系。安全生产责任体系并非要求文件整体上冠以责任体系的名目，但要在各类安全生产文件中突出责任，实现安全责任全覆盖无遗漏、无死角，可执行、可追究。

第三节　安全生产责任梳理及量化

一、厘清职责

建立健全岗位安全生产责任制必须基于梳理业务，明确岗位责任，结合法律法规、标准规范、规章制度、岗位职责和原有安全职责，才能确保职责健全、不遗漏。厘清职责有三个维度，分为政策要求的维度、法律规定的维度、生产经营单位不同责任主体的维度。

1. 政策要求的维度

党的政策、国家政策、部委的行业政策中要求的企业应当承担的安全生产职责必须在责任清单中体现。

省级、设区的市级政府及其部门制定的政策性文件，对企业制定安全生产责任清单具有指导意义。

2. 法律规定的维度

（1）生产经营单位的安全生产条件保障。

（2）从业人员的安全生产权利义务。

（3）生产安全事故的应急救援与调查处理。

3. 生产经营单位不同责任主体的维度

（1）生产经营单位负责人的安全生产责任。

（2）生产经营单位分管负责人的安全生产责任。

（3）安全管理机构或安全管理人员的安全生产责任。

（4）从业人员的安全生产责任。

（5）工会的安全生产责任。

（6）生产经营单位自身的安全生产责任。

（7）中介机构的安全生产责任。

根据责任在时间维度上存在应负责任和课责的"过去责任"，以及面向未来、形成义务和职责的"预期责任"，规定的职责应大于事后追究的职责，设置追责目的在于督促全员更好地完成履行规定职责，保证事后追究的重点责任认为的完成，既有助于实现安全生产目标，又有利于保护企业和员工的权益。

二、量化标准

基于岗位安全生产责任制、细化岗位人员的具体工作任务，明确工作需要达到的标准，并依据工作标准，制定考核标准。

编制岗位责任清单时，应突出层级管理，上下衔接清晰。例如，不能一味地对各级统一组织开展培训工作，而是要明确组织编制培训计划，细化到培训计划谁来编制、谁来审核、谁来审批。对于责任清单编制过程中发现相关规章制度、岗位职责等文件存在的不足，应及时修订相应的文件，形成闭环管理。

第四节 安全生产责任体系文件的编制与实施

一、体系文件编制

企业安全生产责任的制度体系建设，需要全面掌握法律法规和标准规范以及上级和外部的其他要求，善于将各项政策法规要求与企业自身的实际情况相结合。通过编制工作，将外部的规定转化为企业内部的各项规章制度，再经过全面执行和彻底落实，实现安全责任的分工明确、规范有序，消除安全工作的随意性和盲目性。

1. 成立编写组

"工技管"相结合，组建有一线工人、技术人员、管理人员参加的精干、高效的文件编写组。发挥一线作业人员了解生产实际、技术人员掌握专业技能、管理人员熟悉政策规范的各自优势，制订严格的编制计划，明确任务、时间、责任人和质量要求，按规定的时间节点完成文件编制。特别是一线员工，他们更为熟悉本岗位安全操作规程和作业风险，应积极参与本岗位的安全责任文件编制，在编制过程中不断加深对岗位安全责任的认识。

2. 培训编写人员

一些生产经营单位编制安全生产责任体系时，仅通过简单的文件下发，没有开展系统性培训和指导，导致编制人员对岗位安全生产责任文件的编制要求掌握不到位，编制质量差，文件无法满足法律法规的要求，安全生产责任与企业安全规章制度相抵触；职责编制不详细，标准操作性不强；工作内容、工作标准区分不清、表述不准确等。通过开展各层级的专题培训，明确政策法规搜集、安全风险识别、制度规定清理等工作方法和基本程序。

3. 完善文件要素

安全管理制度的结构和内容并没有统一的模式，但通常包含以下几个部分：编制目的；适用范围；术语和定义；引用资料；各级领导、各部门和各类人员相应职责；主要工作程序和内容等具体规定；需要形成的记录要求及其格式；制度的管理、制定、审定、修改、发放、回收、更新等。

最终要确定安全制度的文件数量和框架结构及与其他文件的关系。

4. 检查可执行性

企业应根据其适用的政府部门制定颁布的安全标准，结合自身的实际情况，对标准的内容和要求进行适当细化。如对企业主要负责人的安全生产职责中规定"督促、检查安全生产工作，及时消除生产安全事故隐患"的内容，就应当在检查标准中提出更具体的要求：明确督促的方式方法、检查的方式方法、检查的频率等内容。

5. 先试点再铺开

岗位安全生产责任文件编制，必须先选择有代表性的部门、岗位进行试点。避免在推行过程中由于模板的不完善而导致大量返工的问题发生。针对各层级、各业务属性，策划相应行之有效的模板，经过评审后使用。

二、文件管理

在安全生产责任体系建设方面，很多企业缺乏系统、有序的文件管理措施，也妨碍了各项责任制度的长期有效实施。

1. 便于获取

文件管理是制度编制和贯彻的重要保证，安全责任制度的文件管理也不例外。安全制度发放到哪一级、哪些人，直接影响到贯彻执行的程度。很多单位在实际工作中形成了文件只发放到中层干部这一级的习惯，再向下就仅仅是组织向员工宣读，导致很多真正需要按文件规定进行操作的人员无法获取相应的文本，使文件内容得不到有效实施。应该将文件的获取实现达到方便容易的程度。

2. 搜集反馈和定期评审

文件在执行过程中发现存在问题时，应当根据提出意见和建议的方法和程序，逐级向上反映，由文件编制部门按手续收集反馈意见。企业应遵循PDCA循环管理模式持续改进，重视搜集员工的反馈，定期评审制度、清单等体系文件，不断总结责任体系文件运行中发现的问题，提高安全生产责任体系的规范性、时效性和适用性。

3. 更新维护

根据程序进行修订更新。当法律、法规、政府及上级单位提出更高的安全目标责任，或企业生产方式或组织机构、岗位设置发生重大变化时，需要对责任人、责任范围、考核标准进行调整、补充。

当文件换版、作废时，应按相应的步骤规定执行，以防止使用已经过期的文件，保证相关岗位和人员获得有效版本。已作废的文件除大部分销毁或处理掉以外，还应保留底稿，目的是使文件的修改有一定的连续性，为今后其他文件的编制提供参考。

三、安全生产责任体系文件的执行

1. 组织保障

企业领导要重视安全生产责任体系建设，加强对各职能部门和各单位的督查。发挥有感领导的作用，参与和重视解决职责分工、考核激励问题推动责任体系文件的执行。

2. 强化考评

《"十四五"国家安全生产规划》提出：严格实施安全生产工作责任考核，实行过程性考核和结果性考核相结合。过程性考核是各项安全责任按时间节点的落实情况，强化全员、全过程、全方位安全管理，侧重预防；结果性考核包括发生的伤亡责任事故、上级安全检查发现的重大隐患、行政性处罚等，强化安全红线意识和底线思维。开展履责量化评价，根据考评对象、考评内容等条件，合理设计考评周期、指标权重。采用自评方式，每位员工负责提供履职记录，直接上级领导审核，上一级部门抽检，对自评、审核不认真导致结果偏差较大的情况，制定规则进行惩戒。考评结果定期公开通报，接受全员监督。

3. 双向激励

对工作不负责、不作为，分工责任长期不落实、措施不得力，重大问题隐患悬而不决，逾期没有完成目标任务的，依照有关规章制度给予处罚。对于认真履职，尽职尽责，严格执行制度程序或对制度程序提出有效改进意见的人员，要按照制度规定及时给予奖励。通过奖罚兑现，确保安全责任文件得到刚性执行。

4. 定期评审

企业在生产经营过程中，因外部环境或是管理要求的不断变化，以及内部生产经营的调整或是管理方式的转变，都会引起岗位安全职责发生变化。企业应根据实际情况，定期对岗位安全责任进行回顾评审，实现安全管理 PDCA 动态循环。发动全员参与回顾评审，既是对全员进行的安全教育培训，也能促使全员更好地履职尽责。

第八章
安全生产责任制制定及落实

第一节 全员安全生产责任制

企业要按照《中华人民共和国安全生产法》《中华人民共和国职业病防治法》《中华人民共和国消防法》等法律法规规定，参照《企业安全生产标准化基本规范》《企业安全生产责任体系五落实五到位规定》等有关要求，结合企业自身实际，制定完善企业全员安全生产责任制。明确从主要负责人到一线从业人员（含劳务派遣人员、实习学生等）的安全生产责任、责任范围和考核标准。安全生产责任制应覆盖本企业所有组织和岗位，其责任内容、范围、考核标准要简明扼要、清晰明确、便于操作、适时更新。企业一线从业人员的安全生产责任制，要力求通俗易懂。

安全生产责任制应包括岗位安全职责和考核标准。

一、明确安全职责

全员安全生产责任制应当内容全面、要求清晰、操作方便，各岗位的责任人员、责任范围及相关考核标准一目了然。当管理架构发生变化、岗位设置调整、从业人员变动时，生产经营单位应当及时对全员安全生产责任制内容作出相应修改，以适应安全生产工作的需要。

1. 定岗定人定责

落实"全员安全生产责任制"，应当定岗位、定人员、定安全责任，根据岗位的实际工作情况，确定相应的人员，明确岗位职责和相应的安全生产职责，实行"一岗双责"。

2. 分层分级负责

全员安全生产责任制应根据岗位的层级、性质、特点，明确所有层级、各类岗位从业人员的安全生产责任，一级向一级负责，便于组织协调体现责任的有机传递、分层分级负责并落实到人，形成安全生产工作"层层负责、人人有责、各负其责"的工作体系。

3. 责任界面清晰

全员安全生产责任制要清晰安全管理的责任界面，解决"谁来管，管什么，怎么管，承担什么责任"的问题，通过"阿喜法则"ARCI模型的应用，细化制定各岗位职责，让各岗位职责全面无遗漏、清晰无交叉，责任明确、权利对等，调动各级人员和各管理部门安全生产的积极性和主观能动性。

4. 便于操作执行

全员安全生产责任制要明确从所有岗位的安全责任、责任范围和考核标准。其责任内容、范围、考核标准要清晰明确、简明扼要、通俗易懂、便于操作,并适时更新,便于员工自主管理,落实责任。

5. 监督机制完善

企业根据本单位实际,建立由主要负责人牵头、相关负责人、安全管理机构负责人以及人事、财务等相关职能部门人员组成的全员安全生产责任制监督考核领导机构,协调处理全员安全生产责任制执行中的问题。主要负责人对全员安全生产责任制落实情况全面负责,安全管理机构负责全员安全生产责任制的监督和考核工作。

生产经营单位应当建立完善全员安全生产责任制监督、考核、奖惩的相关制度,明确安全管理机构和人事、财务等相关职能部门的职责。

充分发挥党群机构的作用,鼓励从业人员对全员安全生产责任制落实情况进行监督。按照"尽职免责,失职追责"的原则进行责任追究,将全员安全生产责任制的落实情况与安全生产奖惩措施挂钩。

企业应建立健全决策管理层、技术指导层、组织保障层、现场实施层在劳动生产与管理过程中的安全生产责任制,注重安全责任链条的全员性,明确全体员工应承担的安全生产责任。注重全员责任链条的严密性,在形成"横向到边、纵向到底"责任网格的基础上,建立责任清单。全员安全生产责任制应当内容全面、要求清晰、操作方便,各岗位的责任人员、责任范围、考核标准精准界定。建立健全全员安全生产责任制,从应用规范的角度应包含但不限于以下三个部分。

(1) 通用部分。

主要内容:包括贯彻执行安全生产法律法规及上级安全生产规章制度,提出安全生产改进意见等。

设置说明:一是要求各级各类人员上岗前必须掌握相关法律法规制度、安全技术标准、专业安全知识,目的是杜绝以不懂安全生产法律法规、规章制度等为借口,忽视安全生产工作;二是在学习理解的基础上,贯彻执行本专业(业务)相关法律法规、安全技术标准、上级和本企业安全生产规章制度;三是要求对本专业(业务)工作提出安全生产方面的改进建议,属于持续改进的工作范畴。

(2) 专业(业务)岗位部分。

主要内容:包括本专业(业务)岗位特有的安全生产工作内容,比如组织编制岗位安全生产管理制度与操作规程;编制本专业(业务)年度工作计划时,纳入安全生产工作要求;组织对本专业(业务)工作的安全检查;组织安全教育培训与考核;负责特种设备安全管理;负责检维修安全管理等。

设置说明:按照"三管三必须"要求和"专业人管专业事"原则,依据法律法规和上级主管部门规范性文件,在本单位管理流程的指导下,对每一类业务的具体工作逐一进行分析,最终提炼出本专业、本岗位的安全生产责任。这是全员安全生产责任制的核心,要求具有较强的可操作性。

(3) 责任接口部分。

主要内容:包括本岗位与其他工作接口所涉及的技术、管理等内容中与安全生产有关的事宜。

设置说明:重点明确本岗位在与其他岗位共同完成某些工作时的接口关系、接口内容及管控要求。编制或修订安全生产责任制和责任清单,公司安委会办公室应及时公示并组织培训学习，确保全体员工熟悉掌握安全生产职责。在实施过程中，当国家修订安全生产相关法律法规时，公司安委会办公室应及时提请公司安委会对全员安全生产责任制进行完善，确保依法合规；当企业出现机构、人员、业务调整等情况，相应的安全生产责任制应同时调整、划转或由公司安委会指定人员临时承担。应推行各级领导班子成员安全履职公开述职制度，每年组织逐级签订安全生产责任书，明确责任目标并开展责任制教育培训，纳入各层级绩效考核。

二、明确考核标准

考核标准要依据岗位安全分析和岗位安全职责指南进行制定，要对关键点和关键步骤进行重点说明。

管理岗位的考核标准，要通过分解细化岗位安全生产职责清单，梳理各管理岗位人员的管理行为，结合其属地风险控制清单，把握关键风险管控工作节点和标准，细化年度、日常安全履职工作规定动作的具体内容。管理层须为落实责任制配置有效资源。

操作岗位的考核标准，要通过分解细化操作岗位安全生产职责清单，梳理各操作岗位人员行为和作业流程。根据岗位作业标准，以控制作业风险为目的，把握岗位安全操作关键步骤和执行标准。要制定员工拒绝作业的标准，规定拒绝情形、报告、调查、处理与分析的程序。

三、责任制制定与实施

1. 责任制相关文件

1）主体文件
（1）部门单位安全生产责任制；
（2）全员岗位安全生产责任制。

2）辅助文件
（1）安全责任清单；
（2）个人安全行动计划。

3）落实文件
（1）责任制到位标准自查表；
（2）责任制检查考核表；
（3）全员安全生产责任制三栏表（列明职责范围、检查标准及落实情况）。

2. 制定与实施步骤

1）厘清岗位

在安全生产责任制的策划阶段，企业人力资源部门应确定最新的包括正式员工、外部员工等所有岗位在内的岗位名录。若缺乏这一环节，容易导致安全生产责任制不能全面覆盖企业各岗位。

2）辨识风险

结合全面风险管理和全员危害辨识，根据各个岗位面临的安全风险和能够调用的资源，确定必须完成的任务。

3）梳理责任

以风险管理为基础，以法规标准为依据，根据各个岗位的工作特点，优化责任分工，明确所有层级、各类岗位从业人员的岗位责任清单，建立起安全生产"层层负责、人人有责、各负其责"的工作体系。

4）消除遗漏

全员安全生产责任制，不仅着眼全员消除岗位遗漏，还要按照全面风险管理的要求，消除责任遗漏。在传统的人力资源部门安全培训、财务部门安全投入以外，还要重视思想教育、人员选聘、合理化建议、法律事务、档案管理等企业所有工作领域应承担的安全责任。

5）力求落实

安全责任制不仅要确定各岗位的安全生产职责，更要确定可操作的执行和考核标准，就是围绕落实岗位职责，列明工作方式，时间节点、周期或频率，成果依据，数量要求，提交方式等。通常一项安全生产职责会有多项标准支撑，如果岗位人未能完全落实，会有对应的考核追究措施。

3. 动态维护更新

针对管理或工作绩效存在的问题，对各层面责任制的落实情况进行年度评估。针对评估结果，制定改进措施。

每年对责任制的全面性、合理性与可操作性进行回顾，对存在的问题进行修订。当组织机构、岗位、管理制度等基本情况发生变化后，企业必须及时组织安全生产责任制的修编。同时，如果岗位人员发生变化，企业也应及时与岗位变化的人员进行沟通，使其及时、充分地了解新岗位的安全生产职责、考核标准。

第二节　安全生产责任清单

安全生产责任清单作为落实全员安全生产责任制的辅助工具，逐渐被越来越多企业所采用。烟草行业 2011 年就明确要求通过部门责任制或岗位规范、安全生产责任清单等方式，将本部门职责分解、落实到部门内相应的领导和管理岗位，促进全员安全生产责任制的有效落实。国家民航局 2016 年要求民航企业建立安全工作责任清单、安全运行标准清单、完善安全管理隐患清单，进一步深化安全生产责任体系。中国石油天然气集团有限公司 2018 年提出在所属各下属单位建立安全生产责任清单，规范并细化各级领导班子和各类管理岗位安全生产责任。

中央关于安全生产改革意见提出"尽职照单免责，失职照单问责，建立企业生产经营全过程安全责任追溯制度"之后，更多企业把制定安全责任清单与安全生产责任制并列，作为建立安全生产责任体系的标准配置。通过安全责任清单明确各项工作内容及责任边界，提升安全管理的效率及效果。

一、安全生产责任清单与安全生产责任制的区别

安全生产责任清单是对安全生产责任制规定职责的进一步细化、量化，是在明责、履责、考核和追责等规章制度保障下，落实全员安全生产责任制的执行层文件，根据安全生产责任制编制，并随着安全生产责任制的修订及时补充完善，以"对单领责、照单履职、按单考核"推进责任落实。安全生产责任清单编制要求及关系如图 8-1 所示。

很多企业在编制安全责任清单时，直接照抄安全生产责任制的内容，如果不看文件题目，会让人无法区分。所以在很多企业，一些岗位人员也就不理解为什么已经有了责任制还需要编制安全生产责任清单。下面就来简单梳理一下他们的区别。

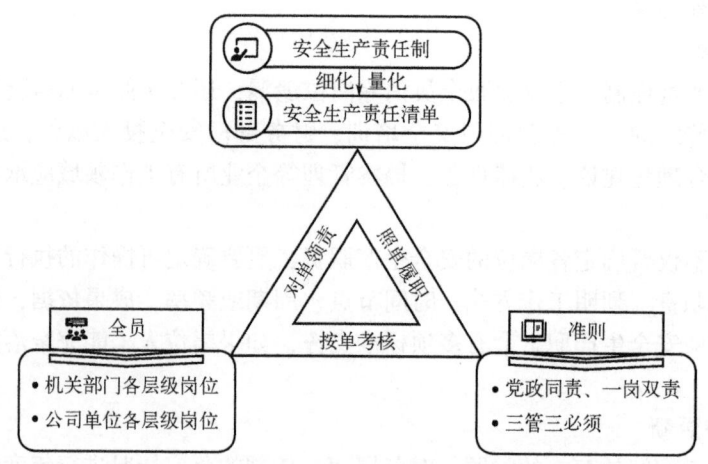

图 8-1　安全生产责任清单编制要求及关系图

1. 制定依据不同

制定安全责任制依据的是法律规定。《安全生产法》规定：生产经营单位必须遵守本法和其他有关安全生产的法律、法规，加强安全生产管理，建立健全全员安全生产责任制和安全生产规章制度。

安全责任清单依据的是政策要求。中央关于安全生产改革意见提出"尽职照单免责，失职照单问责"的改革方向，山东、四川、浙江、山西、江西、河北、湖北等省级政府或直接出台安全责任清单规定，或做出安全责任清单编制规划，或部署实行安全生产责任清单编制工作。

2. 文件形式不同

安全责任制是制度规定，遵照制度文件范本，有标准、有考核、有责任追究等详尽措施。

全员安全生产责任制内容较多，力求全面无遗漏，没有篇幅限制。安全责任清单是一种管理工具，只要求列明安全职责，写清楚必须承担哪些责任、必须做哪些事情。安全责任清单像一张地图，至于到位标准，如何检查，未做到位如何追究责任，只需要按图索骥，到安全责任制等制度中查找规定即可。

一般来说，安全责任清单应限定在一页纸内，7~11条为宜，可少不可多，否则就失去了简明的特性。因为岗位的安全职责比较多，一些企业把岗位安全责任清单进行分解，编制风险管控责任清单、隐患治理责任清单、应急救援清单责任等。

各企业根据自身的实际情况，也可以在作业指导书、标准作业程序之外，借鉴安全责任清单的方式，制作使用检查清单、设备安全操作规程清单等工作清单以及应急预案清单、应急器材清单、应急人员通讯清单等应急清单。

3. 适用范围不同

安全生产责任制，适用于生产经营单位的全体员工。而安全生产责任清单，既可以适用于生产经营单位的全体员工，还可以适用于地方党委政府属地安全生产领导责任、政府部门安全生产监管责任、企业安全生产主体责任等。

二、清单编制要求

安全生产责任清单应本着责任清晰、内容简洁、易于考核的原则进行编制。

1. 一岗一清单

立足于岗位,坚持"一岗一清单"的原则,对于安全责任出现遗漏或没有落实到岗的,可以规定由本层级领导或上一级部门领导兜底承担,以此推动各级领导对编制责任清单的重视。

2. 内容简洁明确

清单不是大而全的操作手册,冗长且含糊不清的清单是无法高效并安全执行的。清单用语要做到精练、准确、分清主次,明确做什么。将重大风险、危险作业、关键步骤等重点安全责任制成清单,而不是将所有安全职责进行简单罗列。至于怎么做,可以通过其他作业文件详细说明操作步骤和过程。

3. 突出主动责任

责任清单要突出主动责任,如组织本班组开展安全教育培训,是班组长的主动责任,需要在责任清单中明确;一线员工接受安全教育培训,是被动责任,在责任清单中可以简化。

第三节 个人安全行动计划

一、个人安全行动计划的理解

个人安全行动计划具体来说指的是个人或企业中的管理人员将自己的安全职责、如何管控安全风险以及如何发挥安全领导力转变为具体的行动清单,并落实到每个时间周期的计划。是各级领导、管理者基于岗位职责相关的 HSE 目标、指标,就关键的 HSE 任务、实施的频次和完成时间所制定的行动计划。

其中,"个人"特指该计划编制和实施的主体是领导干部个人;"安全",是指计划的主要内容应以安全为主;"行动",则重点体现在具体措施的落实,比如执行会议、检查、调研;"计划",说的是工作计划应当体现周期性。

个人安全行动计划是落实全员安全生产责任体系的有效载体,是体现有感领导、直线管理、属地管理的重要工具,是领导、管理者参与 HSE 管理过程的行动指南,也是各级领导干部履行自身安全生产责任,践行领导承诺的重要手段。其意义及重要作用主要体现在三个方面。

(1) 提高个人安全意识。

通过制定个人安全行动计划,个人可以更加清晰地认识到自己在安全方面的责任,并主动采取相应的行动,从而提高自己的安全意识。

(2) 预防潜在风险。

通过全面了解企业生产经营活动中的潜在威胁,可以更好地把控企业可能出现的风险,并及时采取相应的预防措施,从而避免或减少安全事故的发生。

(3) 提高应对突发事件的能力。

个人安全行动计划中通常还会包含应对突发事件的处理流程,这些知识和技巧可以在危急时刻提供及时有效的帮助,减少损失和伤害。

二、个人安全行动计划总体要求

个人安全行动计划必须做到"三个结合":和工作计划相结合,和业务重点工作相结合，和日常工作相结合。

个人行动计划要写重点任务，而不是日常例行工作。行动计划要足够"聪明"，符合SMART原则。

S(Specific) 明确性：工作任务设定要清晰、明确，要切中特定的工作指标，不能笼统。

M(Measurable) 可衡量性：工作任务设定要明确、完成指标可量化，具有可衡量性，而不是模糊的。

A(Attainable) 可实现性：任务设定可实现，不能偏高和过低。

R(Relevant) 实际相关性：任务设定要结合工作职责和目标，也就是计划设定不能偏离实际，不要为做个人行动计划而做计划。

T(Time-based) 时限性：计划设定要有时限性，要在规定的时间内完成，时间一到，就要看结果。

三、个人安全行动计划示例

如上文内容所述，个人安全行动计划是将个人安全生产的各项职责转化为可具体执行的实际举措，再进行周期性计划的行为，表格示例见表8-1。

表8-1 个人安全行动计划

部门/单位：　　　　　　职位：　　　　　　姓名：

序号	行动	主要内容和目标	频次	完成时间												备注
				一月	二月	三月	四月	五月	六月	七月	八月	九月	十月	十一月	十二月	
1																
2																
3																
4																
5																
6																

表8-2 个人安全行动计划实施记录

序号	个人安全行动工作项目	具体工作内容	活动频次或计划完成时间	实施记录（是否完成）	备注
1					
2					
3					
4					
5					
6					

四、个人安全行动计划编制与落实

1. 编制方式

方案应以提升现场安全管理能力为主要目的,重心下移立足现场解决问题;

应在调查研究的基础上,结合单位或区域特点,相关管理者亲自制定方案;

个人安全行动计划要从现场改善、健康安全出发,追求实效,避免任何形式主义。

在制订计划方面容易出现的问题,具体内容如下:

(1) 目的不清:把制订个人安全行动计划当成上级交给的一项任务;

(2) 任务模糊:没按 SMART 原则制定,日常工作与关键任务混淆;

(3) 关联不大:与组织目标、部门业务、岗位职责关联不大,与主管缺乏真正讨论,雷同的多。

2. 计划执行

个人安全行动计划内容要纳入管理者工作计划,要明确目标、进度节点、闭环控制;要及时记录、总结、改进,善于发现区域内的亮点与不足,实现持续改进;安全、技术管理人员要在专业技术方面给予支撑。

在实施计划方面容易出现的问题,具体内容如下:

(1) 重数量不重质量:未完全按照制订的计划开展安全活动或根本没有活动,只是做一些虚假记录;

(2) 安全人员"帮助"领导完成个人安全计划:将本人的个人行动计划交给安全人员代做,产生"负面"影响;

(3) 缺乏直线领导审核:没有定期进行上下辅导,与个人考核的联系不够紧密。

有条件的企业可以借助数字化手段,进行安全生产责任自动推送,到期提示、过期预警等过程管理,提升安全计划执行的实效性和可追溯性。

3. 考核方式

企业安委会拟订领导个人安全行动计划评价标准,并在一季度发到各所属单位,听取相关人员意见;安委会将组织相关人员开展评价,每年两次。无法按时完成,将考虑请外单位专家到现场指导评价。

评价结果将在安委会会议上报告,会议将提出整改要求。

针对不合格者,将组织再培训;同时,将评价结果纳入个人和单位年度安全绩效考核。

评价结果分级:优秀≥90 分、良好≥80 分、合格≥70 分、待整改<70 分。

企业组织开展评价对象是:主要领导、安全分管领导、业务分管领导,若无分管领导,将由主要领导承担其职责。

第九章
安全生产责任制度制定与实施

第一节 安全生产责任制度的制定

一、制定原则

企业安全生产主体责任制度是企业各部门、各组成成员落实安全生产责任的指导，是企业安全生产的主要保障之一。企业安全生产主体责任制度要遵循以下原则：

1. 法制性原则

企业规章制度是建立在我国社会主义法制的要求之上的，其内容和程序都必须符合法律法规的相关规定。企业安全生产责任制度的建立要遵循国家安全生产方面的法律法规，《中华人民共和国安全生产法》《安全生产许可证条例》《国务院关于特大安全事故行政责任追究的规定》《危险化学品安全管理条例》《安全生产违法行为行政处罚办法》等。

2. 科学性原则

企业安全生产主体责任制度的制定要符合科学性原则。科学性原则就是在制订企业安全生产主体责任制度时，要有根有据，使制订的制度与本企业、本车间、本工序的生产实际相符合，而不是简单地仅凭自己的经验体会去制订责任制度，应使其由经验型向科学型转化。

3. 民主性原则

企业安全生产责任制度的内容要从企业全体劳动者的利益出发，反映全体劳动者的意愿。责任制度是规范劳动者行为，并为行为负责，只有符合全体劳动者的利益，才能激发和调动全体劳动者的积极性。用人单位要反复调研，广泛听取劳动者的意见，集思广益，综合分析，将全体劳动者的意愿反映出来。企业责任制度要本着公开的精神，使得全体劳动者都知道规章制度，特别是各自的岗位责任，这是民主原则的重要体现，是实现民主的有效方式和途径。

4. 公正性原则

企业在制定安全生产主体责任制度时，要正确处理职工与企业双方的关系、奖惩的关系等，要做到公平、合情合理、正义、不偏不倚。企业安全生产责任制度的公平性体现在每一个岗位的职工有活可干、有责可依、赏罚公平。

5. 有效性原则

制度的有效性包括两个方面：一是制度本身对防止事故发生有效；二是制度执行有效。要保证制度的有效性必须做到制度包含的内容详尽，制度内容规定明确，制度的内容与实际相符，制度的执行严格并有职责。

二、制定的程序

安全生产责任制度是保证企业安全生产的必要制度，也是约束和明确各级岗位的责任和义务。虽然安全生产责任制与企业组织机构、企业性质及企业所处的地域等有很大的关系，但是每个企业安全生产责任制度的建立都有一个共同的程序。

企业安全生产责任制度的建立程序主要体现在制度编写前准备制度编写及制度执行反馈后修改等三个主要环节，而对于具体的细节问题，企业可根据自身性质和当时实际情况进行调整，以期达到最佳效果。企业在依据程序编写责任制度时还要注意以下几点：

（1）首先要明确岗位职责，在什么岗位应该有哪些岗位工作内容，然后再根据作业内容融入与之有关联的安全生产责任（参阅现行有效的相关法律、法规和地方规范）；

（2）概括国家、地方的法律、法规、行业标准及企业标准；

（3）制定安全责任制的检查制度，有制度必须有检查，不能让制度只在墙上；

（4）责任人签字并签署日期，要让责任人了解自己承担的是什么角色，应该承担什么责任和义务；

（5）最重要、最困难的就是落实责任制。

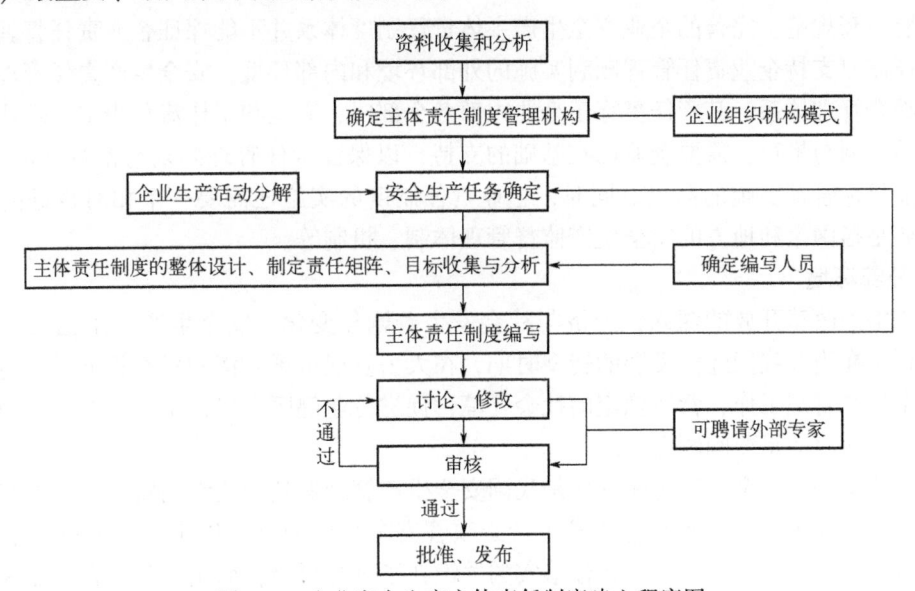

图 9-1 企业安全生产主体责任制度建立程序图

三、制度的建立

安全生产责任制度的建立涉及企业的方方面面，必须从以下几个方面入手，建立和完善各级、各部门安全生产责任制度。

（1）建立各级领导干部的安全生产责任制。贯彻执行党和政府有关安全生产的方针、政策、法令、制度，贯彻"管生产必须管安全"的原则，做到在计划、布置、检查、总结、评比生产的同时要计划、布置、检查、总结、评比安全工作。

（2）建立各部门的安全生产责任制。必须确保所管辖的业务范围内的安全生产，确保整个企业、所有部门的安全生产。

（3）建立班组长的安全生产责任制。抓好全班组的安全生产工作，配合领导以及各部门的管理工作，在班组中经常检查督促工人遵章守纪，遵守安全生产操作规章制度，合理使用劳动保护用品，纠正、阻止违章作业，及时发现各种隐患，遇到不能解决的问题及时上报，发现危及人身和财产安全的重大、特大隐患可以临时停止工作，把人员撤离现场，再报告上级有关部门。

（4）建立员工的安全生产责任制。遵章守纪，不违章操作，随时劝阻他人违章作业，同时拒绝违章指挥。

（5）国家和各级政府部门有新规定要求时，及时修改、补充和完善相应责任制度。企业安全生产责任制度的建立必须包含上所述的几个部分，且每一个部分的责任必须有所轻重，具有责任大小上的层次感，从而使企业每一个部门、个人都认识到自己的职责并依据"权责一致"的原则，在各自的岗位上行使自己的权利。

第二节　安全生产责任制度的实施

一、实施环境

拥有一套规范、完善的企业安全生产主体责任制度体系并不能保证企业责任管理的顺利实施，还需要支持企业责任管理顺利实施的外部环境和内部环境。安全生产责任管理作为一套企业综合管理体系，其责任贯穿于企业内部各个部门、岗位和工作流程当中。企业责任管理制度的筹划与推行，需要企业内在基础的支持，以保证责任管理筹划与推行的可操作性，这是企业目标管理实施的前提。同时，企业责任制度的实施还需要一个相对良好的外部环境，主要是指国家和地方的安全生产监督管理体制、机制等。

1. 外部环境

随着中国改革开放的深入，经济与社会发生着剧烈变化，安全生产工作也发生诸多变化。特别是在当今我国经济发展的转型时期，在大力发展市场经济的新形势下，如何有效的抓好安全生产管理工作，营造稳定的社会环境，促进行业健康发展，是政府安全管理部门急需要探索和解决的重要问题之一。

如何落实企业安全生产主体责任是我国安全生产管理遇到的关键问题之一。国家和地方政府三令五申要求生产企业本着"管生产必须管安全"的原则，以主人翁的态度落实自身的安全生产责任。企业安全生产责任落实的关键在于企业自身，而国家和社会只能提供一个良好的外部环境，有效促使企业落实责任制度，确保安全生产。企业安全生产责任制度实施的外部环境主要有安全生产法律法规体系、安全生产监督监察体系等。

1) 安全生产法律法规体系

安全生产法律、法规、制度以规定权利和义务的方式，规范人在安全生产中的行为，调整各成员的相互关系。完善的安全生产法律法规体系是安全生产工作有效开展促进我国安全生产形势根本性好转的前提和保障。应采取措施，加大立法力度，完善以法律、法规、行政和地方规章为基本结构的法律法规体系，提高法律法规的封闭性和可操作性，促使企业落实安全生产主体责任，保证安全生产。

2) 安全生产监督监察体系

政府的监督监察体系能够监察企业及其员工执行有关法律、法规等情况，可以保障安全生产的顺利进行，为企业单位的生产顺利进行提供有力的保障。严格安全生产行政执法，是搞好安全生产的关键。

在逐步建立完善的安全生产监督管理体制之后，要严格执行安全生产监督管理活动，主要坚持以下几点：

（1）规范政府及其职能部门的领导、监管职责；
（2）安全生产监督、监察、行政管理和行政执法、行政服务职能分离；
（3）强化法对安全生产工作的指导与规范；
（4）加大对安全生产违法行为的处罚力度。

2. 内部基础

在具有完善的责任制度和良好的外部环境后，企业安全生产主体责任制度的实施还需要良好的内部环境。内部环境是指企业本身所具备的，如企业组织机构、人力资源、安全文化、安全技术及除责任制度以外的其他制度等。为了便于理解，将确保责任制度顺利实施的内部环境整合成以下几个方面。

1）组织保证体系

安全组织保证体系由企业的主要负责人、安全生产管理机构、企业安全工作负责人、专职安全生产管理人员和各级安全管理组织与工作人员所构成，形成企业安全管理的组织系统，并以明确的职责和工作要求为企业安全工作提供组织保证。组织结构的设置直接关系到企业组织之间的协调问题，应该保证现有企业组织结构使企业的基本职能按照比较合理的方式表现出来。组织保证体系必须是健全的、有力的、协调的和有效的，不能流于形式。

2）安全文化

安全文化作为安全生产的第一要素，可以认为它是安全生产的核心，是安全生产的灵魂。企业安全文化指企业为了安全生产所创造的文化，是安全价值观和安全行为准则的总和，是保护员工身心健康、尊重员工生命、实现员工价值的文化，是得到企业每个员工自觉接受、认同并自觉遵守的共同安全价值观。企业安全文化体现为每一个人、每一个单位、每一个群体对安全的态度、思维及采取的行为方式。特别在当前市场经济发展的社会主义初级阶段，工业伤亡事故出现了频发高长趋势，探索新的应对方法树立新的理念，是非常必要的。据调查统计分析，80%的事故都是由于人的因素而引发的，只要提高劳动者的科技文化素质是完全可以避免的。不难理解，只有把安全生产工作提高到安全文化的高度来认识，不断提高员工的安全科技文化素质，安全生产严峻形势才会出现根本好转的势头。良好的企业安全文化具有如下特点：

（1）企业或公司层次上的决策层、领导层、执行层等要具有先进的安全生产观念文化、安全生产管理文化、安全生产行为文化。

（2）企业或公司下属的单位层面等要具有良好的安全生产观念文化、安全生产管理文化、安全生产行为文化及安全生产物态文化。

总之，良好的企业安全文化是指企业的安全生产观念、安全生产管理、安全生产行为等文化都能够得到良好的体现，整个企业的安全文化氛围和谐良好。

3）安全技术

安全生产主体责任制度实施方法是一个复杂的过程，其中包含了基本信息的获取、数据的处理等。因此，这里的安全技术是指使安全生产主体责任制度得到更好的运用，在一定环境下需要借助信息技术、计算机技术等先进技术手段支持。那么，企业要具有良好的安全技术基础，才能保证安全生产责任制度的高效实施。

当企业安全生产主体责任制度实施方法相对成熟时，或者企业在实施企业责任制度之初就有能力和条件的话，尽可能保证企业管理工作的信息化，不但可以减少不必要的文书工作及管理成本，优化企业安全管理资源，更主要是能够增进企业管理工作效率和工作质量。

二、实施原则

在具备企业安全生产主体责任制度实施的外部和内部环境和基础之后，下一步工作是主体责任制度的实施。企业安全生产主体责任制度的实施不是一个简单的程序执行过程，要考虑企业实施的主体、实施的环境及各种不确定情况等，因此，责任制度的实施环节是一个复杂、多变、关键的过程。

制度执行与实施是指制度被人们自觉遵守或者被强制遵守，以规范人们的社会实践和行为的过程。企业责任制度的执行与实施要求企业每一个工作人员或部门在自己的岗位上全力做好岗位工作，严格履行岗位责任。责任制度的执行和实施环节要遵循以下原则：

1. 严格性原则

企业在执行规章制度宁可要求严一些，不严就建立不起来。企业生产安全事故绝大部分是因为工作人员玩忽职守、错误操作等导致的。企业领导和基层工作人员没有认识到安全生产的严重性，事故发生没有严格追究事故责任，往往"好了伤疤忘了痛"，各种操作错误、办事敷衍现象屡禁不止，最终导致事故发生。出现这种情况最主要的原因是执法不严、执纪不严、控制不严，因此，企业必须严格执行和实施安全生产主体责任制度。

2. 公平性原则

法律面前人人平等，制度面前人人平等，纪律面前人人平等，绝对不允许权势大于法制、钱财大于法制、人情大于法制。实施安全生产主体责任制度时要本着公平性原则，人人平等，公平地衡量安全生产人员的工作质量，执行相应责任。

3. 公开性原则

因为不管制度设计多么严密，如果执行主体不恪守职责，那么制度就会形同虚设而不起作用。所以，企业安全生产主体制度要实施"阳光工程"，必须使制度及其执行情况公开透明，相关人员之间大家互相监督，各级企业领导要自觉接受基层人员和外部人员的监督，获得社会群众的支持和理解，以防止人情关系对执法、执制、执纪的干扰，防止企业工作人员滥用职权、包庇他人等。

4. 高效性原则

应当努力提高责任制度执行的及时性与效率，防止久拖不决现象，通过责任制度执行信息的快速、高效的社会反馈，使违反制度者及时受到制度的惩处，使模范遵守制度者及时得到制度规定的褒奖，从而经常性地为人们提供应该如何正确对待制度的范例，从而使安全生产主体责任效果得到提高。

三、实施方法与程序

企业安全生产主体责任制度的实施是一个复杂的、循环的过程，因此，在制度实施的整个过程需要一种不断改进的循环使用方法，而PDCA计划循环法不失为一种制度实施不断循环改进的方法。

当然，PDCA 方法是实施安全生产主体责任制度的整体宏观调控方法，而针对一些具体的实施细节，也会配备一些相应的其他方法，如在评价主体责任制度是否完善的责任矩阵评价方法、在制度实施考评时的绩效评估方法等。根据企业安全生产主体责任制度实施的原则和方法确定实施的程序模型，以 PDCA 实施过程为基础，可以得出企业安全生产主体责任制度实施的一次 PDCA 循环主要分为以下四个阶段：

（1）第一阶段：计划（PLAN）。
① 制定全面实施计划；
② 企业安全生产管理各项任务必须清晰，且每项任务均有企业不同安全生产管理人员负责，做到各司其职、事有所属；
③ 企业各部门或个人都设置有相应的协调机制；
④ 主体责任制度实施的各项基础，包括外部基础和内部基础都应准备良好。

（2）第二阶段：实施（DO）。
① 时刻关注计划实施的情况；
② 监督相关工作人员或部门主体责任的落实过程；
③ 确保主体责任制度的顺利实施。

（3）第三阶段：检查（CHECK）。
① 现场检查、调研主体责任制度实施的效果；
② 对每个安全生产任务的负责主体进行安全生产主体责任绩效评估，最终得出企业安全生产主体责任的落实结果；
③ 对绩效评估结果，公平、公正、公开的落实相应的激励制度；
④ 依据结果，查处责任落实过程的薄弱环节。

（4）第四阶段：改进（ACT）。
① 对责任制度实施中取得良好效果的条例进行保留、完善，争取达到最佳实施效果；
② 对责任制度实施的薄弱环节，需要组合相关人员进行研究，制定应对措施，改进新的实施条例和方案；
③ 结合企业的动态发展实际，查找进一步改进的机遇、不断完善实施计划、准备下一轮 PDCA 的行动计划。

第三节　安全生产责任制度的评价

建立了企业安全生产责任制度并不等于企业安全生产责任制度就已经确立，根据其建立的程序需要对企业安全生产责任制度进行审定，保证制度的科学性、有效性。制度评审的方法很多，可采用文字描述法、流程图法、调查表法，本节重点介绍企业安全生产责任矩阵评价法。

一、安全生产责任矩阵内容

责任矩阵（Responsibility Matrix）是项目管理中常用的一种将工作任务分配到执行项目的相关部门或个人，并明确标示出其角色、责任和工作关系的矩阵图形。项目的进程一般包括多个互相衔接的步骤，每个步骤又可以分解为多个工作任务或子任务，每一个工作任务均由相应的人员或部门负责完成。

责任矩阵表头部分填写项目需要的各种人员角色，纵列列出项目中的各项细节任务，横排写出项目相关人员名称，在其交叉格内填写每个角色对每个活动的责任关系，从而建立"人"和"事"的关联。不同的责任可以用不同的符号表示。用责任矩阵可以非常方便地进行责任检查：横向检查可以确保每个活动有人负责，纵向检查可以确保每个人至少负责一件"事"。在完成后续讨论的估算工作后，还可以横向统计每个活动的总工作量，纵向统计每个角色投入的总工作量。责任矩阵强调每一项工作细目由谁负责，并表明每个人的角色在整个项目中的地位。

制定责任矩阵的主要作用是将工作分配给每一个成员后，通过责任矩阵可以清楚地看出每一个成员在项目执行过程中所承担的责任，明确各项活动谁负责、谁参与、谁协助。将项目的具体任务分配落实到相关的人员或职能部门，使项目的人员分工一目了然；清楚地显示出项目执行组织各部门或个人之间的角色、职责和相互关系，避免责任不清而出现推诿、扯皮现象；有利于项目经理从宏观上看清任务的分配是否平衡、适当，以便进行必要的调整和优化，确保最适当的人员去做最适当的事情。

安全责任矩阵是责任矩阵在安全管理中的具体运用。可以将工作任务细化给个人和部门，其有助于对关系中的责任和角色进行确认，一般情况下可以在具体划分中，在列上描述工作任务，在行上表述角色。在行列交叉位置上，引用数字、字母及符号等形式，有效处理部门员工在任务中的角色标注。

在企业安全管理中，工作内容比较复杂，生产任务也比较多，在多个生产部门作业时会有相应的人员去完成。为提升生产管理效率，对安全责任矩阵构建过程中要始终坚持以安全生产为准则，将管理部门或管理人员归为一纵列，在交叉位置用数字或符号来代表人员或部门职能。责任矩阵主要包括三个要素：

（1）角色。角色是在企业安全生产中的主要执行者和参与者，在矩阵中处于列的位置，可以是生产部门或者生产个人。

（2）任务。任务是在企业安全生产中对任务进行分解所得到的工作内容，是相互衔接的。

（3）责任。责任是处于行与列交叉位置，在所处行列位置中对应的是拥有的权利职责，或通过责任矩阵可以很好地表示在企业安全管理中相关部门或相关生产人员所对应的职责关系。让生产人员可以明确自身的职责，在不同部门之间形成有效合作，避免在今后出现相互推诿责任或者是职责不清晰的情况。既能保证生产任务顺利完成，也能保证对企业的工作人员进行合理的工作分配、划分工作任务。

在对安全责任矩阵建立的过程中，必须明确企业内部角色，确定安全管理部门和管理人员，并对企业现在的生产任务进行分解，规定角色责任标准，根据具体的任务来明确所参与的角色和所拥有的责任与权利。在坐标轴或者流程图上列出角色责任关系，得到矩阵图。

二、安全生产责任矩阵内核

1. RACI 模型

现代管理认为，企业在进行一项任务时，会存在四种角色。

（1）谁执行（R=Responsible），负责执行任务的角色，具体负责操控项目、解决问题。

（2）谁负责（A=Accountable），对任务负全责的角色，只有经其同意或签署之后，项目才能得以进行。

（3）咨询谁（C=Consulted），在任务实施前或实施中提供指定性意见的人员。

（4）告知谁（I=Informed），及时被通知结果的人员，不必向其咨询、征求意见。

将这四种角色，填写到责任矩阵中，被称为RACI模型或RACI矩阵，中文名字又叫作责任分配矩阵。RACI矩阵用来定义某一项活动参与人员的角色和责任，是一个简单有效的工具。

2. 阿喜法则

在RACI模型中，R（Responsible）和A（Accountable）的含义都有责任的意思，但二者的区别也很明显，R负责执行是执行者角色，A负全责是任务负责人。经过实践中不断地总结修正，RACI模型演变成了ARCI模型，被称作"阿喜法则"或"ARCI法则"。之所以会出现这样的变化，是因为人们感受到，谁对结果担负责任，是决定任务能否最终完成的关键。

后来，人们又在模型中加入了S（Support）支持者，参与具体任务协助R完成工作的角色。但因为小型任务参与者少，可能只有执行者R单独完成，没有支持者S，人们仍习惯称ARCIS法则为"阿喜法则"。联系我们上文提到的工作分解结构（WBS），每个任务原则上要求分解到不能再细分为止，也就是每次细分都要有人为细分出的任务担负责任，直至最后任务的每个环节都有责任落实到具体人肩上。

3. "百变阿喜"与安全责任

阿喜法则之所以被称作"百变阿喜"，是因为阿喜法则运用广泛，在项目管理、流程优化、组织设计等方面，以不同的形式出现。安全生产责任体系是一种矩阵网络，体现的就是阿喜法则。

如果把一个企业整体的安全管理作为一项任务，按照阿喜法则各类角色责任如下：

（1）企业总经理或实控人，对企业安全生产全面负责是A；

（2）各生产指挥部门和单位领导，是安全管理措施的执行者R；

（3）安监部担负咨询责任，对应的是C；

（4）岗位员工是各类管理制度措施的知情人，对应I；

（5）人力资源、财务等部门作为配合生产单位完成管理任务的支持者对应S。

安全管理工作，无论是现场的风险管理还是书面的安全方案审批，无论是人员变更组织还是上岗人员安全培训，只要遇到下列问题，就可以运用阿喜法则加以解决。

权责不明确，工作职责分工不清楚，执行任务和作决定的级别错位；工作延迟或不能完成，个人或单位的工作负荷不平均时，需要做分析平衡调整时；沟通不顺畅，部门之间或个人之间争论激烈时；组织或人员改变时，避免主要工作及功能受到影响，尽快安排岗位及工作角色；执行特别项目时，确保额外的工作能弹性分配与日常例行工作不冲突。

可以说，阿喜法则就是安全生产责任体系的基石、安全责任网络的内核。遵照阿喜法则，每个任务都有一个A负责，安全责任才能落到实处。否则，无论多少R执行，多少S支持，多少C顾问，通知多少I知情，仍然是无人负责，流于形式。

三、安全生产责任矩阵构建

企业安全责任矩阵包含了安全管理任务、安全管理人员或部门的角色和角色在任务中要承担的责任三项内容。不同企业包含的三项要素也存在一定区别。

企业安全生产责任矩阵的建立流程如图 9-2 所示，具体流程为：

（1）列出企业安全生产管理的相关人员和部门，即确定角色；

（2）分解企业安全生产管理的所有任务，即确定任务分解包；

（3）规定角色的责任标准，并给出定义和符号表示；

（4）针对具体任务，确定参与角色，并分析角色责任；

（5）以任务为行（列），以角色为列（行），在行列交叉窗口处列出角色的责任关系，得到责任矩阵；

（6）对责任矩阵进行检查和评价。

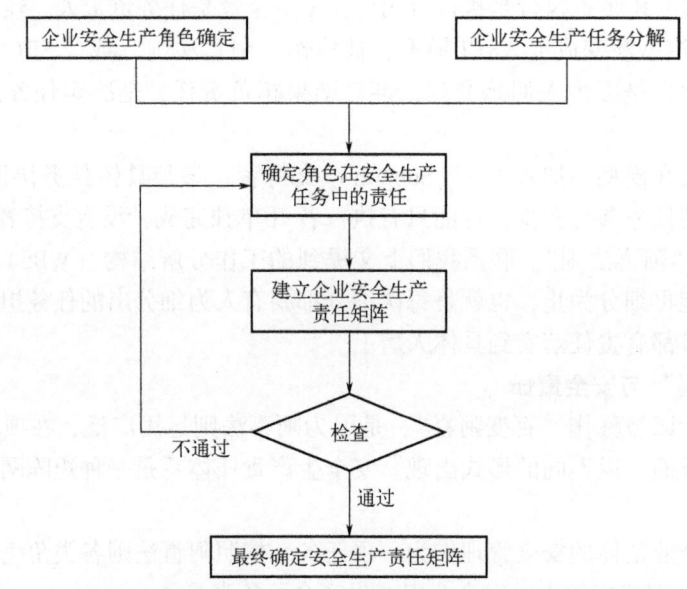

图 9-2 安全生产责任矩阵建立流程图

1. 角色确定

组织分解结构（Organizational Breakdown Structure，OBS）是一种特殊的组织结构图，可以根据任务确定角色。它建立在一般组织结构图的基础上，负责每个项目活动的具体组织单元。它是将工作包与相关部门或单位分层次、有条理地联系起来的一种项目组织安排图形。

在确定企业的安全生产角色时，要根据不同企业的实际情况和运营目标。要根据安全生产责任制，对企业安全生产管理人员和部门角色进行了明确。

其中，企业安全生产第一责任人是总经理，主要是对本企业的安全生产负全面责任；副经理主要负责自己所管辖范围内的生产安全问题；总工程师对企业整体生产技术问题予以负责；副总工程师则对自己管辖范围内安全技术问题加以负责；车间主任负责本车间或部门安全生产；班组长主要负责对企业或车间安全生产管理规定和管理要求的贯彻执行，对本班组安全生产负主要责任；车间员工主要负责安全生产工作的开展，在生产作业中要求严格遵守车间或企业的各项管理规章制度，对岗位负责，对安全生产负直接责任；消防部门主要是对企业的消防工作负责；安环部门对企业的安全生产、安全检查、安全演练和工业废弃物治理负责，配合主要负责人做好企业的安全工作；人资部门负责对企业所有人员的安全教育，要及时加强对特种作业人员专业考核以及职工安全技术教育工作；财务部门负责企业的工资发放及安全投入。

2. 任务分解

工作分解结构（Work Breakdown Structure，简称 WBS）就是把项目按一定的原则分解，项目分解成任务，任务再分解成一项项工作，再把一项项工作分配到每个人的日常活动中，直到分解不下去为止。即：项目→任务→工作→日常活动。

在企业安全生产管理工作中，由于任务比较多，且相对复杂，因此，要将安全生产任务进行分解，可以具体分为四个任务。

第一，日常安全管理的主要工作任务包括对安全隐患问题的管理，对企业生产安全进行评估，并组织进行安全生产检查与管理，加强对企业生产的消防检查和治安检查，加大对安全生产工作的投入力度，针对企业内部生产人员还要加强人事管理和安全教育，建立完善的应急预案。

第二，安全事故预警管理的主要任务包括对重点部位的检查、预警组织、制定安全事故预防措施，还要树立风险意识，对生产任务风险进行评估，同时，要及时筹备好应急资金和应急物资等，对生产人员进行安全培训演练，在事故发生后还要及时发布预警信息。

第三，事故应急救援任务包括事故灾害评估、现场治安维护、应急预案启动、事故趋势预测、群众疏散等。

第四，事故调查包括对事故现场的所有物证进行维护，并在现场进行详细的勘察，建立调查组，及时收集相关资料，对事故问题发生原因进行分析，责任裁定、报告编写等。

上述每一项任务，都可以再进一步细分。将主体目标逐步细化分解最底层的日常活动，可直接分派到个人去完成；每个任务原则上要求分解到不能再细分为止；日常活动要对应到人、时间和资金投入。如日常安全管理中的变更管理，可以进一步细分为人员变更、管理变更、工艺技术变更、设备设施变更。其中设备设施的变更，又可以分为设备设施的更新改造、安全设施的变更、更换与原设备不同的设备或配件、设备材料代用变更、临时的电气设备等。

3. 责任分配

责任分配矩阵（Responsibility Assignment Matrix，RAM）是将工作分解结构图（WBS）中的每一项工作指派给组织分解结构（OBS）中的执行人而形成的一个矩阵。具体来说是以表格形式表示完成工作分解结构中工作细目的个人责任方法。强调每一项工作细目由谁负责，并表明每个人的角色在整个项目中的地位。通过责任矩阵可以清楚地看出每一个成员在执行过程中所承担的角色。

责任分配矩阵是一种矩阵图，矩阵中的符号表示项目工作人员在每个工作单元中的参与角色或责任。采用责任矩阵来确定项目参与方的责任和利益关系。责任矩阵中纵向为工作单元，横向为组织成员或部门名称，纵向和横向交叉处表示项目组织成员或部门在某个工作单元中的职责。在责任矩阵中，可以用多个符号来表示参与工作任务的程度，如 P 表示参与者，A 表示负责人，R 表示复查者。当然，也可以用更多的符号表示角色与责任。

4. 矩阵建立

在分解任务后需要根据安全生产管理不同角色特点，组建相应的安全生产管理责任分配矩阵。在矩阵建立时需要明确唯一的责任主体，在安全管理任务落实中需要保证每个角色的参与，积极开展安全生产管理工作。在统一的指挥下开启安全生产管理工作，当其中某一项任务失败后可以对事故责任主体快速进行界定，追究主要责任人的责任。保证相关部门及个人的工作职责发挥最大效用，保证人尽其才，避免人力资源浪费。

安全责任矩阵构建需要遵守两个要求：一是每项安全生产工作任务有且只有一个角色处于主责地位；二是企业安全生产管理中的每个角色至少要参与一项安全管理任务。

四、安全生产责任制度的责任矩阵评价

依据企业安全生产责任矩阵的原理对安全生产责任制度进行评价，评价程序如图9-3所示。

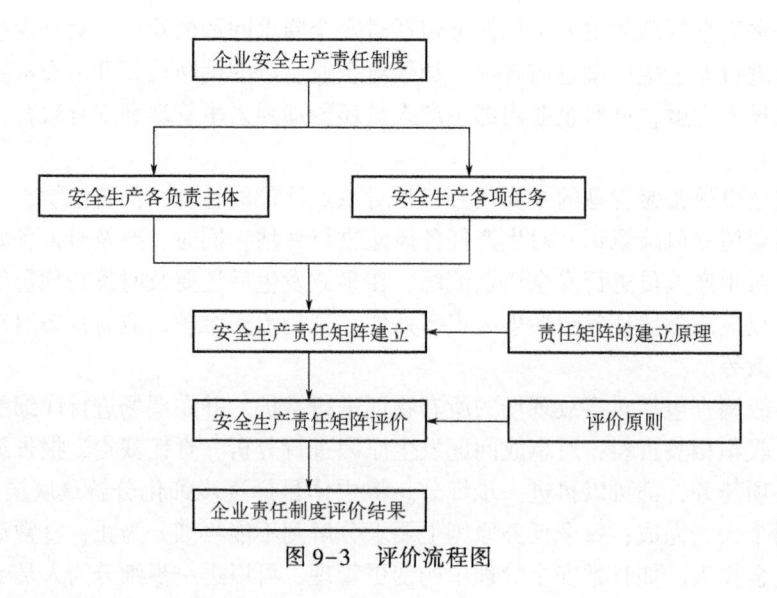

图 9-3 评价流程图

企业安全生产责任矩阵评价程序主要分为四步：

（1）责任制度分解。

将已建立的责任制度进行分解，主要分解为两部分，即安全生产角色分解、安全生产任务分解。

（2）安全生产责任矩阵建立。

以企业安全生产责任制度为主体，建立相应安全生产责任矩阵。其中，安全生产角色和安全生产任务都来自被评价的安全生产责任制度。

（3）企业安全生产责任矩阵评价。

重新审视企业安全生产管理的角色和企业安全生产各项活动，与第二步建立的安全生产责任矩阵进行对照，查出企业安全生产的所有角色是否都负责了相应的安全生产活动，而企业所有安全生产活动是否都包括进去、是否都有角色负责。最后确定的评价原则为以下两点：

原则1：每一项安全生产工作任务有且只有一个角色处于主责地位；

原则2：企业安全生产管理中的每一个角色至少参与到一个安全管理任务中。

以上原则是确保企业每一安全生产管理任务有且只有一个角色处于中心负责地位，能够保证安全生产管理在统一指挥下有序进行，也能够在界定某一任务失败而导致事故时的责任。而规定每一角色必须参与安全生产管理任务，能够确保每一个安全生产管理的个人或部门都有事可做，避免人力、财力的浪费。

（4）依据评价结果，进行相应修改。

根据评价的结果，对企业安全生产责任制度进行修改。修改时要注意以下几点：

① 企业安全生产管理中的每一项角色都必须投入到安全生产管理之中，都有自己的安全生产管理工作；

② 企业所有的安全生产管理工作都得到体现，不存在遗漏现象，且每一项安全生产管理工作都有且只有一个安全生产管理角色处于主责地位；

③ 企业安全生产管理角色和安全生产任务要一一对应，不存在某个角色任务繁重或任务稀少的状况，使安全生产任务分配均匀，安全生产角色各司其职。

第十章
安全生产责任体系绩效考核评估

安全生产责任绩效考核评估机制是一种绩效动力机制，以安全生产目标为导向，以安全生产责任制为基础。通过检测组织或人员的工作行为，以奖惩制度激励组织和个人改进自身行为，努力创造安全工作实绩。企业应建立健全安全生产责任考核机制，对照责任清单对全员安全生产责任制落实情况进行严格考核。

第一节 目的及意义

责任制是保障企业安全生产的最重要和最基础的制度。落实企业安全生产主体责任是国家加强安全生产工作的最基本的要求。落实安全生产主体责任，建立全面、科学的责任体系，对于企业安全生产责任制具有以下意义：

（1）是贯彻落实安全生产法规的必然要求。
（2）是企业依法生产经营的重要体现。
（3）是企业持续经营和安全发展的内在需要。
（4）是提高和强化企业安全生产管理执行力的重要举措。
（5）是有效预防安全事故、保障企业安全生产的最基本制度和防线。

建立在安全生产责任体系基础上的安全生产绩效管理是一种现代化的管理方法，它能够有效提升安全生产管理效能，促进企业组织战略目标的顺利实现。因此，构建科学合理、行之有效的企业安全监管绩效考核体系是企业安全生产管理的一种长效机制，具体的意义目的在于：

一是提升企业安全监管人员科学管理的理念和意识。推行安全生产绩效考核，对安全监管人员的科学管理理念具有深远的影响，能够激活和调动安全监管人员的积极性、主动性，促使努力提升监察工作能力水平、创一流业绩的绩效管理文化，对安全生产监管"科学发展观"的建立，强化安全生产监管科学管理的意识起到积极的作用。

二是对推进安全生产监管科学合理有积极作用。由于考核指标体系中弱化了事故指标，更多地从安全生产工作方式、过程、成本和效益等方面设置考核的指标，并且将人员队伍、设备环境、安全文化、安全管理等方面指标纳入考核体系，这有利于引导企业安全决策层和管理层关注安全生产系统保障和综合能力建设、因此对促进安全生产的科学管理具有积极的作用。

三是对提升安全生产工作的有效性具有促进作用。通过安全生产综合绩效考核，可以促进以绩效的理念统领安全生产全面工作，以绩效管理的思路贯穿日常工作、以绩效评价的方式推进各项工作。根据安全生产不同时期的形势、任务推进绩效管理与评价实践，达到了更好地把握重点和提高协调、贯彻、检验安全生产工作执行力之目的。在开展绩效考核的过程中，可以对安全生产效能指标的分解考核，把发展战略和年度重点工作目标考核密切结合起来，围绕绩效评价的工作要求进一步细化，具体贯彻落实，明确责任人。通过建立工作目标体系和责任落实体系，并辅之督促检查，促进各项工作部署，从而使安全生产的工作得到有效落实。

四是对优化安全生产管理资源配置有指导作用。安全生产业绩考核指标体系中规定了许多辅助性指标，体现了以过程控制保障目标实现的思路。通过建立全面的指标体系，使安全生产投入和资源的规划有了基本的依据。通过对安全生产成本的控制，可以有效地指导安全生产监管工作的规划和控制，有利于安全生产工作的顺利开展，使安全生产综合效益最大化。

安全生产责任绩效考核对于促进企业各级管理部门和各类施工单位落实安全生产主体责任、提高安全生产保障能力、建立合理有效的安全生产管理机制，具有现实的意义和实效的价值。

第二节　理论及思路

一、基本概念及理论

1. 基本概念

安全生产绩效是指根据安全生产目标，企业在安全生产工作总体方面取得的可测量结果或效果。安全生产效能是指特定时期企业安全生产可测量的工作过程、保障能力及其工作效果。绩效注重效果和结果，效能更重视能力及过程。

安全责任绩效考核是针对部门、岗位或人员的安全职责或责任目标，用定量、半定量的方式，对其落实和履行安全责任的程度和效果的测量或评价。

2. KPI 理论

安全责任绩效的考核由于指标的复杂性，需要应用 KPI（Key Performance Indicator）原理。KPI 是关键绩效指标的简称，是指衡量一个管理工作成效最重要的指标，是通过对组织内部流程的输入端、输出端的关键参数进行设置、取样计算、分析，衡量流程绩效的一种目标式量化管理指标。

3. 管理模式及考核思路

安全责任绩效的考核要运行 PDCA 管理模式，推行持续改进的原则，安全责任绩效考核的基本流程：确定绩效考核目标、优选绩效管理指标、进行绩效评估、分析评估结果等环节。考核的基本思路应包含明确的考核原则、考核指标与权重设计、考核程序、考核的方法、考核结果的应用。

考核结果的应用应包含两部分内容：日常考核、年度（半年度）考核。

4. 绩效考核原则

公平公开原则：公司的人事考评标准、考评程序和考评责任应有明确规定而且在考评中应严格遵守这些规定。同时，考评标准、程序和对考评责任者的规定在公司内都应当对全体员工公开，使员工对人事考评工作产生信任感，理解、接受考评结果。

客观原则：考评一定要建立在客观事实基础上，人事考评应根据明确规定的考评标准，针对客观考评资料进行评价，避免渗入主观性和感情色彩。首先要做到"用事实说话"；其次要做到把被考评者与既定标准作比较，而不是在人与人之间比较。

奖惩结合原则：依据考绩的结果，应根据工作成绩的大小、好坏、有赏有罚，有升有降，赏罚、升降不仅需与精神激励相联系，还须通过工资、奖金等方式同物质利益相联系，以达到考绩的真正目的。

反馈原则：考评的结果需反馈给被考评者本人，保证考评的教育作用。同时，被考评者应将考评中遇到的问题、考核指标、考核环节中的疏漏及时反馈给考评部门或负责人，促进考评系统不断完善、优化。

二、企业安全生产责任绩效考核的对象及模式

1. 企业安全生产责任绩效考核的对象

（1）企业各级领导岗位管理人员：董事长、总经理、党委书记、生产副总、总工程师、工会主席、总会计师、总经济师、纪委书记、安全总监等领导岗位。

（2）企业管理部门：综合办公室、企业策划与管理部（信息化管理部）、人力资源部（党委组织部）、财务部、投资部、工程管理部、物资部、市场部、商务管理部、安全生产管理部、技术部（技术中心）、合约法务部、纪检监察部、审计部、企业文化部（党委宣传部）、社会事务部（工会工作部、团委、离退办）、海外部、基础设施事业部等。

2. 企业安全生产责任绩效考核模式

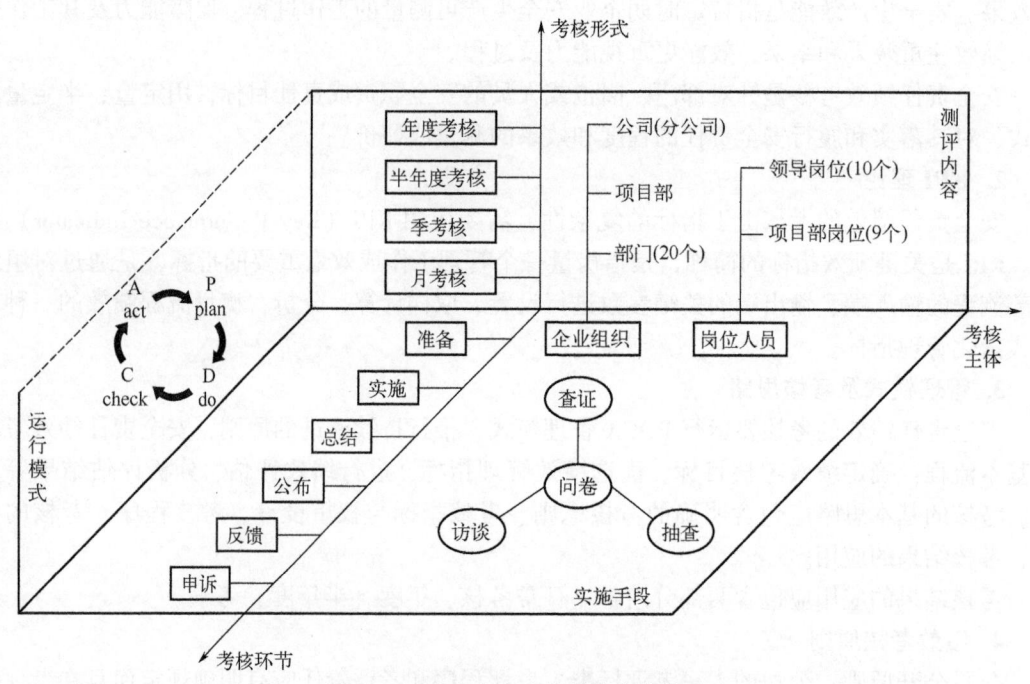

企业安全生产责任绩效考核体系模式如图 10-1 所示。

图 10-1 安全生产责任绩效考核体系

第三节 安全生产责任绩效考核应用

一、企业管理部门及岗位安全生产责任绩效考核

管理部门及岗位安全生产责任的指标体系及考核表可针对安全管理部门和岗位确定的安全生产责任设计安全生产责任 KPI 考核指标，并设计相应的测量表，作为一种示例供参考，具体内容见表 10-1、表 10-2。在安全生产责任绩效考核工作中，应用 KPI 绩效考核表进行评分考核。

表 10-1 企业管理岗位安全生产责任绩效 KPI 考核表

岗位		主要负责人		考核小组	组长：	成员：	考核结果	分数	
考核期限		年度考核		填表日期				等级	
董事长岗位安全生产责任		是企业安全生产第一责任人，对安全生产工作全面负责。 贯彻安全生产方针政策、法律法规，主持安委会及安全生产重要工作会议，签发安全生产工作重大决定，审定安全生产重要奖惩。 审定并批准安全生产责任制、安全生产规章制度，督促检查同级副职和所属企业主要负责人贯彻落实。 按照国家相关规定健全安全生产管理机构，充实专职安全生产管理人员。 组织制定并实施本单位安全生产教育和培训计别。 保证企业安全生产投入的有效实施。 督促、检查安全生产工作，及时消除事故隐患。 组织制定并督促实施生产安全事故应急救援预案，及时、如实的报告生产安全事故
一级指标	二级指标		测评内容			总分	考核标准	考核情况	评分
工作过程及能力指标	(1) 安全生产相关工作情况		安全生产工作是否包含以下内容： 主持安委会及安全生产工作会议； 签发安全生产工作重大决定； 审定安全生产重要奖惩； 审定并批准安全生产责任制和安全生产规章制度； 制定本单位安全生产教育和培训计划； 组织制定生产安全事故应急救援预案			3	少一项扣 1 分，扣完为止		
	(2) 安全承诺		是否做出自我安全承诺，并报告管理部门			2	是：2 分 否：0 分		
	(3) 安生产投入的实施情况		是否照国家法规要求，保证企业安全生产投入的有效实施			2	是：2 分 否：0 分		
	(4) 生产安全事故报告情况		是否及时、如实的报告生产安全事故			2	是：2 分 否：0 分		
工作数果及结果指标	(5) 重特大安全事故情况		年度是否发生重特大安全生产事故			4	否决项		
	(6) 主持召开安委会会议次数		年度主持召开安委会会议次数			2	>2 次：2 分 1 次：1 分 0 次：0 分		

续表

一级指标	二级指标	测评内容	总分	考核标准	考核情况	评分
工作效果及结果指标	（7）组织召开安全管理业务例会次数	组织召开安全管理业务例会次数	2	季度一次及以上：2分 每年一次：1分 0次：0分		
	（8）参与安全生产检查次数	年度参与安全生产检查次数	3	>3次：3分 1~3次：1分 0次：0分		

表10-2 企业管理部门安全生产责任绩效KPI考核表

部门	技术部（技术中心）	考核小组	组长： 成员：	考核结果	分数	
考核期限	年度考核	填表日期			等级	
生产技术部安全生产责任	在总工程师领导下编制企业安全技术规程，并发布实施。 制定针对工程地质勘察文件、施工图设计文件进行会审的管理制度。 组织工程施工组织设计、危险性较大专项安全技术方案的评审、专家论证。 督促项目经理部对生产操作工人进行施工工艺和安全操作技培训。 开展安全技术研究，推广先进技术，编制技术规程。 组织超过一定规模的危险性较大的分部分项工程、采用"四新"技术施工的工程及临时设施的验收。 参与危险性较大分部分项工程和特殊结构安全防护设施的验收。 建立安全专项技术方案管理台账和验收台账，做好方案策划、编审、论证工作记录。 参加应急救援，提出应急的技术措施，参加事故调查处理。					

一级指标	二级指标	测评内容	总分	考核标准	考核情况	评分
工作过程及能力指标	（1）超过一定规模的危险性较大分部分项工程的验收情况	是否组织质量、安全、设备等相关部门验收超过一定规模的危险性较大分部分项工程和特殊结构安全防护设施	3	每缺一次扣1分，扣完为止		
	（2）现场临时建筑物的验收情况	是否组织工程、安全、后勤等相关部门验收现场临时建筑物，同时建立相应的验收台账备查	3	每缺一次扣1分，扣完为止		
	（3）现场大型机械设备、起重设备、施工升降机的验收情况	是否组织工程、安全、技术等相关部门进行现场大型机械设备、起重设备、施工升降机验收	3	每缺一次扣1分，扣完为止		
	（4）"四新"技术管理情况	是否领导安全技术攻关，认真吸取合理化建议，对新材料、新技术、新工艺的使用，建立申报、审批手续，并制定出相应的安全技术交底，履行签认手续	2	是：2分 否：0分		
	（5）施工工艺和全操作技术培训情况	是否督促项目经理部对生产操作工人进行施工工艺和安全操作技术培训	2	是：2分 否：0分		

续表

一级指标	二级指标	测评内容	总分	考核标准	考核情况	评分
工作过程及能力指标	（6）建立台账，记录方案策划、编审、论证工作情况	台账，记录方案管理内容：建立安全专项技术方案管理台账，建立验收台账方案策划、编审、论证工作记录	3	每少一项扣1分，扣完为止		
	（7）技术隐患处理情况	是否参加安全生产检查，对施工中存在的技术隐患，制定技术措施，及时排除隐患	2	是：2分 否：0分		
	（8）应急救援情况	是否参加应急救援演练，提出应急救援的技术措施	2	是：2分 否：0分		

二、安全生产责任绩效考核的权重系数

在贯彻和落实安全生产责任制的过程中，不同层次管理者承担各自不同安全管理责任。因此，各层次管理者在安全生产管理责任体系中所发挥的作用和权重也各不相同。定量化各层次管理者的权重系数，并将其与企业的安全生产奖惩制度结合起来，可以有效地推进安全生产责任制的落实，激励和促进各层管理者履行安全管理职责。作为一个范例，企业管理岗位安全生产责任相关性矩阵见表10-3、表10-4，企业可以根据自身安全生产责任体系工作实际自行设计。

各企业可以根据其具体情况对各岗位的安全管理责任权重进行设计和确定。

表10-3　企业领导岗位安全生产责任权重分布表

编号	岗位名称	综合权重	最终权重方案选择			岗位分级
			（1）归一法	（2）平均法	（3）平均极差法	
1	董事长	1.317	1	0.15	0.15	强相关
2	总经理	0.1299		0.15	0.15	强相关
3	生产副总	0.1579		0.15	0.15	强相关
4	安全总监	0.1593		0.15	0.15	强相关
5	总工程师	0.0942	0.7	0.08	0.10	一般相关
6	党委书记	0.0736		0.08	0.10	一般相关
7	总会计师	0.0543	0.5	0.05	0.05	弱相关
8	总经济师	0.0531		0.05	0.05	弱相关
9	工会主席	0.0555		0.05	0.05	弱相关
10	纪委书记	0.0508		0.05	0.05	弱相关
11	其他管理岗位	0.0457		0.05	0.05	弱相关

表10-4 企业管理部门安全生产责任权重分布表

编号	岗位名称	综合权重	最终权重方案选择 (1)归一法	(2)平均法	(3)平均极差法	岗位分级
1	安全生产管理部	0.1256		0.11	0.10	强相关
2	工程管理部	0.1134	1	0.11	0.10	强相关
3	科技部(技术中心)	0.0939		0.11	0.10	强相关
4	基础建设事业部	0.0878		0.11	0.10	强相关
5	企业文化部(党委宣传部)	0.0597		0.05	0.06	一般相关
6	企业策划与管理部(信息化管理部)	0.0527		0.05	0.06	一般相关
7	人力资源部(党委组织部)	0.0519	0.7	0.05	0.06	一般相关
8	商务管理部	0.0512		0.05	0.06	一般相关
9	海外部	0.0477		0.05	0.06	一般相关
10	社会事务部(工会工作部、团委)	0.0458		0.05	0.06	一般相关
11	财务部	0.0458		0.05	0.06	一般相关
12	办公室(党委办公室)	0.0342		0.03	0.02	弱相关
13	合约法务部	0.0340		0.03	0.02	弱相关
14	纪检监察部	0.0319		0.03	0.02	弱相关
15	审计部	0.0309	0.5	0.03	0.02	弱相关
16	市场部	0.0282		0.03	0.02	弱相关
17	投资部	0.0270		0.03	0.02	弱相关
18	离退休工作办公室	0.0266		0.03	0.02	弱相关

三、奖惩的分级标准

企业管理部门及管理的岗位类：满分为100分，根据考核主体安全生产绩效考核得分、将结果分为A、B、C、D、E五个级别（以上包括本数，以下不包括本数）。

(1) A级：得分95分以上；
(2) B级：得分90分以上95分以下；
(3) C级：得分85分以上90分以下；
(4) D级：得分80分以上85分以下；
(5) E级：得分80分以下。

考核期间出现较大事故及以上的集团总部，出现一般事故及以上的二级分公司等考核对象、考核结果原则上不得进入A级。加强重特大事故控制情况考核、严格实行"一票否决"制度，发生重大事故及以上的按E级评定。

四、绩效考核流程

安全生产主体责任绩效考核工作，由各层级企业策划与管理部门主导，安全生产管理部门及人力资源部参与，相应层级管理岗位及相关部门配合进行，其流程如图10-2所示。

准备阶段，安全生产管理部门在企业策划与管理部（下称企管部）配合下完成标准修订工作，报上级安全生产管理部门审定后，确定《本层级安全生产主体责任KPI考核量表及评估标准》。正式通知阶段，由企管部门下发本层级安全生产主体责任绩效考核办法。确定评估标准及参评人员名单。评估阶段，考核对象填写本岗位/部门对应的安全生产责任绩效考评量表同时，对任期安全责任考核目标的完成情况进行总结分析，并将总结分析报告报送董事长（总经理）及安全生产管理部门，同时抄送上级单位安全管理部门。财务审计阶段，由审计部进行审计工作，将结果汇总至企管部门。

安全生产管理部门依据量表考核结果，结合总结分析报告并听取上级单位意见，考核对象考核目标的完成情况进行综合考核，形成考核对象安全绩效考核结果与奖惩意见。

由企管部门将最终确认的考核对象安全绩效考核与奖惩意见在各层级考核对象所在单位网站进行公示，公示时间为一周，公示期后确定最终结果，考核对象对考核结果与奖惩意见有异议的，在收到考核结果一周内，向本级安全生产管理部门进行申诉。

整个安全生产责任绩效考核实施流程可如图 10-2 所示。

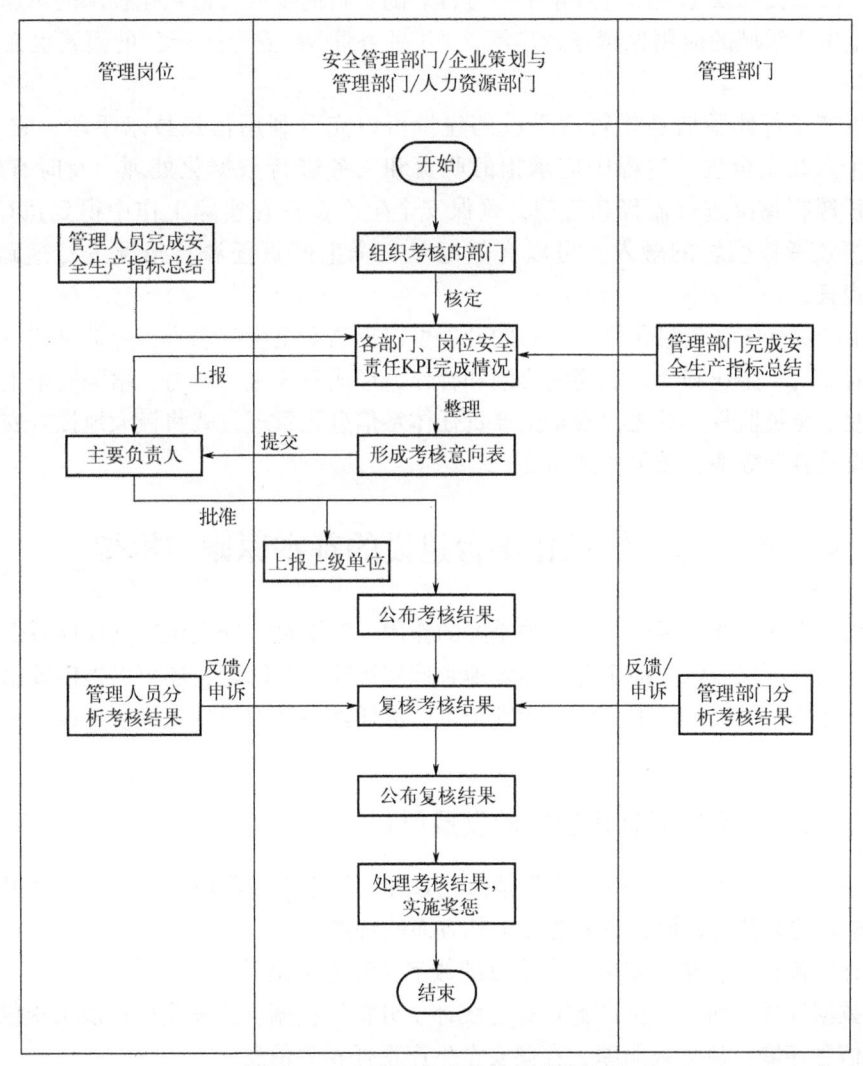

图 10-2 安全生产责任绩效考核流程

第十一章
安全生产责任体系信息化管理

安全生产责任信息化管理是指通过信息技术手段,实现对安全生产责任的有效监管、落实和追溯,从而提高安全生产管理水平的过程。随着目前全社会信息化技术的飞速更新,信息化在安全生产领域的应用也越来越广泛,"工业互联网+安全生产"的模式也在各行各业大面积铺开。

安全生产责任体系信息化管理手段的建设可以充分利用信息技术手段,将企业、政府部门和个人在安全生产过程中应承担的职责和义务进行数据化处理,及时有效地对安全生产责任履行情况进行监督和管理,确保安全生产责任在实际工作中得到执行和实施。同时通过绩效考核模块的融入,可以有效地对安全生产责任履行情况进行追踪和调查,以便追究责任。

安全生产责任体系信息化管理方式的开展可以提高安全生产水平,降低事故风险;进一步促进政府部门、企业和个人之间的协同和合作,形成安全生产合力;增强安全生产责任的透明度,便于全员监督。总之,安全生产责任体系信息化管理方式将极大地提升安全生产责任机制建设的管理效率、效果和透明度。

第一节 信息化平台建设的基本原则与框架

信息化在现代企业管理中起着至关重要的作用。特别是在安全生产责任体系管理中,信息化平台的建设不仅可以帮助企业更高效地管理和跟踪安全问题,还可以提供数据支持,帮助企业做出更科学的决策。本节将探讨安全生产责任体系管理信息化平台建设的基本原则和框架设计。

一、安全生产责任信息化管理的发展历程

在20世纪80年代,安全生产责任信息化管理正处于起步阶段,当时主要采用计算机技术进行数据处理和信息存储,主要有以下几方面的特点:

(1) 计算机技术:实现安全生产信息的数字化和电子化。

(2) 数据处理:对安全生产数据进行统计、分析和挖掘,为安全生产决策提供支持。

(3) 信息存储:建立数据库,存储安全生产责任相关信息。

到了20世纪90年代,安全生产责任信息化管理进入快速发展阶段,开始运用网络技术进行信息交流和共享。

(4) 网络技术:实现安全生产信息的网络化和远程化。

(5) 信息交流：通过电子邮件、论坛等方式进行安全生产信息的交流和传播。
(6) 信息共享：建立信息共享平台，实现安全生产信息的跨部门、跨地区共享。

而从 21 世纪初至今，安全生产责任信息化管理日趋成熟，开始广泛应用大数据、云计算、物联网和人工智能等先进技术。

(1) 大数据技术：实现对安全生产信息的海量、多样和实时处理。
(2) 云计算技术：提供灵活、可扩展的安全生产信息化服务。
(3) 物联网技术：实现安全生产信息的实时、准确采集和传输。
(4) 人工智能技术：提高安全生产信息化管理的智能化和自动化水平。

二、安全生产责任信息化管理的基本原则

系统性原则：信息化平台的设计和建设应该全面考虑企业的安全生产责任体系，包括其战略、目标、流程、人员、技术、设备等各个环节。

先进性原则：信息化平台应该采用先进的技术和方法，以满足企业当前和未来的需求。

实用性原则：信息化平台应该是实用的，能够解决企业在安全管理中的实际问题，帮助企业提高工作效率和管理效果。

灵活性原则：信息化平台应该具有一定的灵活性，能够随着企业环境的变化和需求的发展而调整和改进。

安全性原则：信息化平台必须保证信息的安全，防止信息泄露或被恶意利用。

三、安全生产责任信息化管理的框架设计

数据收集层：这一层主要负责收集企业在安全管理中的各类数据，包括人员数据、设备数据、流程数据、事故数据等。数据收集应尽可能自动化，减少人为错误。

数据处理层：这一层主要负责对收集到的数据进行清洗、整合和处理，生成可以用于分析和决策的信息。

数据分析层：这一层主要负责对处理后的数据进行分析，包括描述性分析、预测性分析和规范性分析。分析结果可以帮助企业了解当前的安全状况，预测未来的安全趋势，规划和调整安全策略。

决策支持层：这一层主要负责提供决策支持。通过数据分析的结果，企业可以制定和调整安全生产责任体系的战略、目标和计划，以及评估和改进安全生产责任体系的执行效果。

用户交互层：这一层主要负责与用户（包括管理者和员工）交互，提供友好的用户界面，使用户能够方便地获取和使用信息，提供反馈，参与决策。

通过以上基本原则和框架设计，企业可以有效地建设安全生产责任体系管理信息化平台，从而实现安全生产责任体系的科学管理，提高安全管理的效率和效果，降低安全风险，保障企业的稳定运行。

第二节 信息化平台的建设

在上一节中，讨论了安全生产责任体系管理信息化平台的基本原则与框架。在这一节中，将更深入地探讨安全生产责任体系管理信息系统的设计和实施。

一、设计系统

在设计安全生产责任体系管理信息系统时，应该考虑以下几个关键因素：

（1）需求分析：这是信息系统设计的第一步。需要全面了解企业的安全生产责任体系，明确企业在安全管理中面临的问题和挑战，了解企业对信息系统的需求和期望。

（2）系统架构设计：基于需求分析，可以设计信息系统的架构，包括数据收集、数据处理、数据分析、决策支持和用户交互等模块。

（3）功能设计：在确定了系统架构后，需要具体设计每个模块的功能。例如，数据收集模块可能需要支持自动数据收集和手动数据输入两种方式，数据处理模块可能需要支持数据清洗、整合和转换等功能，数据分析模块可能需要支持描述性分析、预测性分析和规范性分析等功能。

（4）界面设计：为了确保信息系统易于使用，需要设计友好的用户界面。界面设计应考虑用户的操作习惯和使用场景，提供清晰的导航、有用的提示和反馈，降低用户的学习成本。

（5）安全设计：安全是信息系统的重要考虑因素。需要设计有效的安全机制，保护信息系统免受外部攻击，防止信息泄露或被恶意利用。

二、实施系统

在完成信息系统的设计后，可以开始实施。实施阶段包括系统开发、测试、部署和运维等环节：

（1）系统开发：在这个环节，需要按照设计方案编写代码，实现信息系统的各项功能。系统开发需要遵循一定的编程规范和开发流程，保证代码的质量和效率。

（2）系统测试：在开发完成后，需要进行系统测试，验证系统的功能是否符合设计要求，是否存在错误或缺陷。系统测试应覆盖所有的功能模块和使用场景，确保系统的可靠性和稳定性。

（3）系统部署：在通过测试后，可以将信息系统部署到实际的运行环境中。部署环节需要考虑系统的性能、可用性、安全性等因素，确保系统在运行环境中的正常运作。

（4）系统运维：在系统部署后，需要对其进行持续的运维。包括监控系统的运行状态，处理系统的问题和故障，更新和升级系统，以及进行数据备份和恢复等。

通过设计和实施安全生产责任体系管理信息系统，企业可以更高效、更科学地管理安全生产责任体系，提升安全管理的效率和效果，降低安全风险，保障企业的稳定运行。同时，企业也可以通过信息系统收集和分析大量的数据，为企业的决策提供有力的数据支持，从而做出更明智、更科学的决策。

第三节 信息化平台的深化

在安全生产责任体系管理信息化平台已经建立并投入运营之后，必须思考如何进一步发挥其功能，从而更好地满足企业的需求。本节将讨论如何通过四个方面深化信息化平台的使用：数据集成，分析和报告，人员培训以及系统升级和维护。

一、数据集成

数据集成是深化信息化平台使用的重要一环。当将来自不同部门，不同业务流程，甚至不同企业的数据整合在一起时，可以更全面地了解和控制企业的安全状态。

首先，应当建立统一的数据标准和接口，以实现数据的高效、准确和及时流通；其次，应当考虑使用高级的数据集成技术，如数据仓库和数据湖，以便管理大规模的异构数据；最后，应当实现实时或接近实时的数据集成，以便及时响应各种安全事件。

二、分析和报告

借助信息化平台，可以进行大量的数据分析，以获得更深层次的洞察。可以运用描述性分析来了解过去和现在的安全状况，运用诊断性分析来找出问题的原因，运用预测性分析来预见未来的安全风险，以及运用规范性分析来确定最佳的安全策略。

为了有效地进行数据分析，需要选择适合的分析工具，如数据挖掘、机器学习和人工智能等。还需要建立全面的分析指标体系，以量化各种安全要素。此外，应当定期生成分析报告，并向各级管理层和相关人员报告。

三、人员培训

要深化信息化平台的使用，必须提高员工的信息素养。应当开设定期的培训课程，介绍信息化平台的基本功能，教授数据分析的基本技巧，以及培养数据驱动的决策思维。此外，应当提供持续的在线学习资源，以便员工自我提升。

对于IT人员，应当提供更深入的培训，如数据集成的技术、数据安全的策略、系统优化的方法等。还应当鼓励IT人员获取相关的专业认证，如数据科学家、大数据工程师等。

四、系统升级和维护

随着技术的进步和企业需求的变化，必须定期升级和维护信息化平台。应当跟踪最新的技术动态，如云计算、大数据、人工智能等，及时引入有价值的新技术。还应当收集用户的反馈，不断优化系统的功能和性能。

在系统维护方面，需要确保系统的稳定运行，处理各种硬件和软件故障，防止数据丢失和泄漏。还应当执行定期的安全审计，以满足各种法规和标准的要求。

通过深化信息化平台的使用，可以更好地管理企业的安全生产责任体系，提高企业的安全性能，降低企业的安全风险，提升企业的竞争优势。

第四节 信息化平台的优化与数据管理

安全生产责任体系管理信息化平台是提升企业安全管理效率，实现安全责任落实的重要工具。随着企业的发展和运营环境的变化，安全生产责任体系管理信息化平台需要不断进行优化，以适应企业的新需求。同时，数据管理在平台优化中起着关键的作用，这是因为数据是驱动平台优化和改进的基础。本节将重点探讨如何优化安全生产责任体系管理信息化平台及如何进行有效的数据管理。

一、平台优化的重要性

随着企业安全管理的深入，安全生产责任体系管理信息化平台的功能和性能需求会不断增加，因此，平台的优化就显得尤为重要。一方面，优化可以提升平台的性能，提高处理数据的速度和准确性，使平台能更好地支持企业的安全管理。另一方面，优化可以扩展平台的功能，使其能满足企业安全管理的新需求。

二、平台优化的基本步骤

（1）需求分析：通过收集用户反馈，了解平台在实际使用中存在的问题和新的需求，明确优化的目标。

（2）方案设计：根据需求分析结果，设计优化方案，包括性能优化方案和功能优化方案。

（3）方案实施：按照设计的方案，对平台进行优化，包括对系统架构、数据库、应用程序等进行优化。

（4）测试验证：完成优化后，进行全面的测试，验证优化的效果，确保平台的稳定性和可用性。

三、数据管理的重要性

数据管理是优化安全生产责任体系管理信息化平台的基础，只有进行有效的数据管理，才能保证平台优化的顺利进行。一方面，有效的数据管理可以保证数据的准确性和完整性，为优化提供准确的依据。另一方面，有效的数据管理可以提高数据的利用率，为优化提供更多的可能性。

四、数据管理的基本步骤

（1）数据采集：从各种渠道，如设备、系统、人工输入等，采集到数据。

（2）数据清洗：对采集到的数据进行清洗，去除错误和重复的数据，保证数据的准确性。

（3）数据存储：将清洗后的数据存储在数据库中，保证数据的安全性和可用性。

（4）数据分析：对存储的数据进行分析，提取出有价值的信息，为优化提供依据。

安全生产责任体系管理信息化平台的优化和数据管理是互相促进的，数据管理为平台优化提供支持，平台优化又需要依赖有效的数据管理。只有做好这两方面的工作，才能使安全生产责任体系管理信息化平台真正发挥出它应有的价值，提高企业的安全管理水平。

第十二章
国家管网集团安全生产责任体系建设实践

第一节 国家管网安全生产责任体系建立背景

一、安全生产责任体系的提出

能源供应链的安全生产问题一直是公众、政府和企业高度关注的焦点问题。油气行业作为全球能源供应的重要组成部分,其安全问题尤为突出。油气的开采、生产、运输和利用过程中涉及的安全风险因素众多,一旦出现安全事故,后果往往非常严重,不仅可能对员工和社区人民的生命安全和环境造成严重损失,同时会对企业和国家的经济效益造成巨大影响。依传统的安全管理模式,对于这些安全问题的处理方式多是被动应对,常常在事故发生后才寻找原因并进行改进。这种被动式的安全管理方式既不能持之以恒的预防安全事故的发生,也无法满足社会对企业社会责任日益增强的期待。因此,需要一种更为主动、全面和持续的方式来管理企业的安全问题。

在此背景下,企业全员安全生产责任体系理论应运而生。作为QHSE管理体系的有机组织部分,企业全员安全生产责任体系关注于各级领导、管理人员和操作员工执行规定动作,不仅按职责完成任务,更须持之以恒的准确、标准化、可测量的完成相关职责。企业全员安全生产责任制是由企业根据安全生产法律法规和相关标准要求,在生产经营活动中,根据企业岗位的性质、特点和具体工作内容,明确所有层级、各类岗位从业人员的安全生产责任,通过加强教育培训、强化管理考核和严格奖惩等方式,建立起安全生产工作"层层负责、人人有责、各负其责"的工作体系。

国家管网集团自成立以来,集团各级领导干部高度重视安全生产工作,着重强调安全生产责任体系构建的重要意义,集团公司董事长在2022年年中工作会议上的讲话指出"责任制是安全生产的灵魂""责任不落实,出事是必然的""要完善安全生产责任体系和清单,推动全员责任层层压实",重点明确了安全生产责任体系构建的重要性及必要性。

二、安全生产责任体系的演变

企业的安全生产责任体系在长期的实践过程中不断演变和发展,反映了社会对企业社会责任认识的深化,以及安全管理理念的进步。可以将集团公司安全生产责任体系的演变过程大致划分为三个阶段：被动应对阶段、系统管理阶段和全面责任阶段。

1. 被动应对阶段

在早期，企业的安全管理主要集中在事故应对和事后补救上。那时，安全管理的主要方式是通过事故调查，找出事故的原因，然后进行相应的整改。这种管理方式的问题在于，它通常在事故发生后才开始行动，且侧重于处理事故的后果，而不是预防事故的发生。

2. 系统管理阶段

随着工业生产的复杂性和风险性的增加，以及对企业社会责任认识的深化，企业开始尝试构建系统化的安全管理体系。在这个阶段，企业通过风险评估和管理及安全培训，制定安全规章制度等手段，试图预防安全事故的发生。这种管理方式虽然较之前有所进步，但其依然强调的是企业内部的管理，对于企业与外部环境和社区的互动关系考虑不足。

3. 全面责任阶段

全面责任阶段是对前两个阶段管理方式的一种超越和发展。在这个阶段，企业不仅要关注内部的安全管理，而且要关注与社区和环境的互动关系。企业需要认识到，自身的行为会对社区和环境产生影响，因此，企业应当承担起预防安全事故，保护员工、社区和环境的全面责任。

全面责任阶段的管理方式强调企业的社会责任和企业的利益是相互关联的。只有在实现安全生产，保护员工、社区和环境的基础上，企业才能获得长期的发展。因此，企业应当通过建立全面的安全生产责任体系，对所有可能影响安全的因素进行预防和管理。

对于油气管道行业来说，全面责任阶段的安全管理方式具有重要的现实意义。油气管道行业企业的生产活动往往与高风险和潜在的严重后果相伴随。只有通过建立全面的安全生产责任体系，才能够有效预防和管理这些风险，防止安全事故的发生。

国家管网集团依托于现有 QHSE 管理体系框架，突出各层级、各岗位全员的全面的安全生产责任，全面构建以"一岗一清单、一岗一培训、一岗一考核"为核心的"三个一"安全生产主体责任落实的有效机制，推动集团安全生产长效运行。其中，"一岗一清单"建立每名员工所属岗位的岗位 QHSE 责任清单，明确员工具体的 QHSE 职责和任务；在"一岗一培训"中，根据各岗位所需能力为员工开展针对性培训；而"一岗一考核"则对每名员工在本岗位所涉及的 QHSE 履职情况进行个人绩效考核。"三个一"建设工作是进一步推进安全环保责任制优化完善的关键一步，有助于建立健全 QHSE 责任制培训和考核机制，实现责任制可落实、可监督、可考核、可闭环，推动"安全先于一切、高于一切、重于一切"理念落实落地。

根据集团公司管理及"三个一"建设工作要求，制定国家管网集团基层单位岗位 QHSE 责任清单编制指南（试行），提供"一岗一清单、一岗一培训、一岗一考核"建设工作的依据和指引。

集团公司安全生产责任体系的演变反映了企业安全管理理念的进步和社会对企业社会责任认识的深化。在这个过程中，企业的安全生产责任体系从被动应对，发展到系统管理，再到全面责任，体现了安全管理的全面性、主动性和责任性。在当前的全面责任阶段，企业不仅需要对内部活动进行安全管理，还需要关注与社区和环境的互动关系，实现全面的社会责任。

第二节　国家管网 QHSE 管理体系

一、QHSE 管理体系建设过程

我国 QHSE 管理体系是在我国能源行业对外合作过程中逐渐形成和发展起来的，是国际 QHSE 管理理念与我国能源行业多年管理工作经验相结合的结果。

国家石油天然气管网集团有限公司（简称国家管网集团）成立于 2019 年 12 月 9 日，是国务院国有资产监督管理委员会监管的国有重要骨干企业，主要从事油气干线管网及储气调峰等基础设施的投资建设和运营，负责干线管网互联互通和与社会管道联通，以及全国油气管网的运行调度。

国家管网集团以习近平新时代中国特色社会主义思想为指导，深入贯彻落实习近平总书记"四个革命、一个合作"能源安全新战略和重要指示批示精神，坚持新发展理念，坚持服务国家战略、服务人民需要、服务行业发展，大力实施市场化、平台化、科技数字化和管理创新"四大战略"，加快建设"全国一张网"，是党中央、国务院深化油气体制改革、保障国家能源安全的重大部署，是构建"X+1+X"油气市场体系、提高油气资源配置效率的关键环节。

国家管网集团坚持安全生产先于一切、高于一切、重于一切的理念，围绕全业务链重要风险和关键环节，建立风险分级防控和隐患排查治理双重预防机制。持续深化 QHSE 管理体系建设，全面融合质量、健康、安全、环境相关法律法规、标准规范和规章制度等相关要求，建立了覆盖管网全业务的"专业化、一体化"QHSE 管理体系，持续深化 QHSE 管理体系运行，促进国家管网集团科学高效管理，为管网安全平稳运营提供有力保障。

国家管网集团持续推进 QHSE 管理体系优化运行，2020 年 10 月首次发布管网集团《QHSE 管理体系管理手册》，融合了 GB/T 19001《质量管理体系要求》、GB/T 45001《职业健康安全管理体系要求及使用指南》、GB/T 24001《环境管理体系要求及使用指南》、GB/T 33000《企业安全生产标准化基本规范》和 SY/T 6276《石油天然气工业健康、安全与环境管理体系》要求，依据国家有关法律法规、技术标准和管网制度，并充分借鉴国内外 QHSE 管理典型做法和先进经验，在 2020 年版本基础上，结合国家管网集团组织机构改革、QHSE 管理发展等进行了修订，形成了满足国家要求、符合国际惯例、具有管网运行特色的 QHSE 管理体系。

二、QHSE 管理体系建设基础

在企业推行 QHSE 管理体系之前，企业内必然已经存在相应的管理体系，其中对企业生产管理影响很深远的有企业自身的生产管理体系、经营管理体系及财务管理体系。许多企业推行并广泛应用了质量管理体系（QMS）以及安全管理体系（SMS）、环境管理体系（EMS）等。因此，在推行 QHSE 体系时，许多人员认为过多的体系相互作用，降低了企业的生产效率。事实上，各种管理体系的终极目标并不矛盾，而是互相补充的有机整体，在推行 QHSE 体系时必须把整个管理对象看成一个有机整体，建立起合理、科学和系统的管理体系，并有效地运行管理。

企业管理体系是企业各种控制力量的有机组合，它是由多个相对独立的要素有机地结合在一起构成的。在这个集成化的管理体系下，可能有多个并存的管理体系，如财务管理体系、人事管理体系，健康、安全和环境管理体系也是企业综合管理体系的一种，它将企业的健康（H）、安全（S）和环境（E）管理纳入了一个管理体系之中，与其他管理体系共存，相互影响、相互依托，实现企业一体化管理，达到系统性的目标。

1. HSE 体系的 PDCA 原理

管理就是在特定的环境下，对组织所拥有的资源进行有效的计划、组织、领导和控制，以便达成既定组织目标的过程。是指管理者根据组织的目标要求对职责范围内的事务进行的控制和处理，即管理者通过对管理对象的调查研究，形成决策和计划，确定组织要达成的目标，然后将可支配的资源（人力、物力、财力、设备、技术和时间等）以一定的方式组成一个有机的系统，对管理对象进行有效的控制。

在企业管理中，必须把整个管理对象看成一个有机整体，在系统论的原理上，建立起合理、科学和系统的管理体系，并有效地运行管理。企业管理体系是企业各种控制的有机组合，它是由多个相对独立的要素有机地结合在一起构成的。在这个总体系下，可能有多个并存的管理体系，如财务管理体系、人事管理体系，以及质量管理体系（QMS）、安全管理体系（SMS）、环境管理体系（EMS）等。健康、安全和环境管理体系也是企业综合管理体系的一种，它将企业的健康（H）、安全（S）和环境（E）管理纳入了一个管理体系之中，体现了企业一体化管理思想。

在 20 世纪 50 年代以前，生产管理理论上有一个很重要的误区，认为生产水平的低下是由生产者造成的。威廉·爱德华兹·戴明（William Edwards Deming，1900—1993），一位美国的管理学家，经过大量的统计，得出结论："大多数的质量问题是管理者的责任，不是工人的责任，因为整个呆滞的生产程序是由管理者制定的，工人被排除在外。"当时世界上普遍对这一结论不感兴趣，而日本应用戴明的管理理论，很快在生产管理和质量目标上超越了美国，之后 ISO 组织（国际标准化组织）也发现了这一理论可以广泛应用于各类生产标准化管理中，在 ISO90001、ISO14001 等各标准中均借鉴了该理论。

戴明模式是质量管理体系、环境管理体系所依据的管理模式，同样也是 HSE 管理体系所依据的管理模式。该模式由"计划（Plan）、实施（Do）、检查（Check）和改进（Act）"四个阶段的循环组成，简称为 PDCA 循环模式。有时，在该模式运作下，这四个阶段并没有明确的界限，是一个上下相承相接，共享进程的过程。同时，每一个阶段自身往往也是一个 PDCA 的循环过程。由此循环往复，不断总结，不断发现和解决问题，不断提出新的管理标准，使管理水平通过一轮又一轮的循环后不断提高，如图 12-1 所示。

戴明模式的基本指导思想主要是：生产中的一切问题均是管理问题。而管理没有完美，管理水平可以无限的改进。应用该循环，在工作中遇到的问题均不以偶发性对待，而采取相反的态度，认为所有生产过程中的问题均有系统性的原因，因而

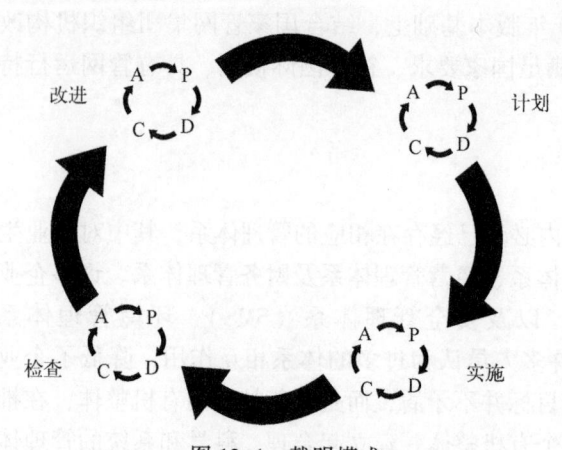

图 12-1 戴明模式
P: Plan 计划；D: Do 实施；
C: Check 检查；A: Action 行动、改进

解决系统性的问题是管理工作中的重心。对工作进行定期的总结，对总结的结果进行处理，成功的经验加以肯定并适当推广、标准化；失败的教训加以总结，未解决的问题放到下一个 PDCA 循环里。

公司的企业管理过程是一个多层次的管理过程，既有平行的层次，也有垂直的层次。企业管理过程应按戴明管理模式的计划、实施、检查和改进链运转。各个下属公司的企业过程，例如调查、创意、设计、建造、生产、维护和结束或废弃等过程，也按这样的模式运转。公司的企业过程链的实施部分通常是由多个过程和任务组成的。而每一个这样的过程或任务都有自己的计划、实施、检查和改进链。这种链式循环是一个不断改进的过程。图 12-2 显示出了这种多层次管理和持续改进的概念。

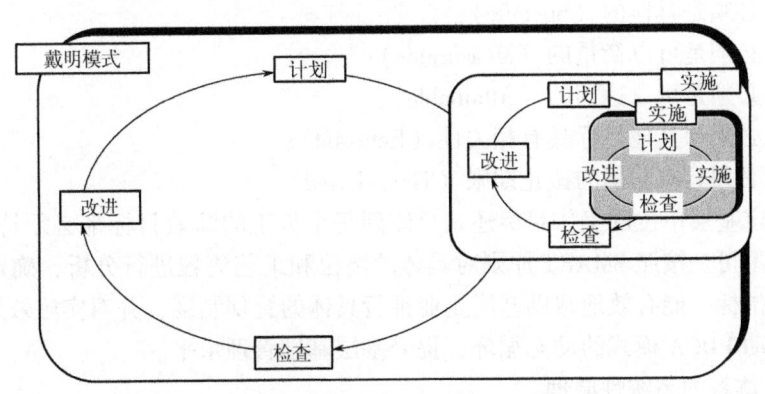

图 12-2　在公司管理层和执行层各层次上的 PDCA 循环

HSE 管理体系是企业整个管理体系的有机组成部分之一，它将健康、安全和环境三种密切相关的管理体系科学地结合在一起，并按上图所示的循环链运行。HSE 管理体系为企业实现持续发展提供了一个结构化的运行机制，并为企业提供了一种不断改进 HSE 表现和实现既定目标的内部管理工具。

QHSE 管理体系是在企业现存的各种有效的健康、安全和环境管理组织结构、程序、过程以及资源的基础上建立起来的，并按 QHSE 管理体系标准的要求加以规范和补充。HSE 管理体系的建立应以体系标准为框架，以满足 QHSE 目标为要求，同时还要考虑其有效性和经济性。体系的详尽与复杂程度、文件化程度和对支持体系运转的资源要求等，取决于企业的规模、内外部条件及其所从事的活动的性质，不必机械地采用固定模式。应结合本企业的具体情况和内外部条件，设计和建立具有本企业特点的 QHSE 管理体系。

QHSE 管理体系是一个不断变化和发展的动态体系，其设计和建立也是一个不断发展和交互作用的过程。随着时间的推移，随着对体系各要素的不断设计和改进，体系经过良性循环，不断达到更佳的运行状态。

PDCA 模式在整个石油企业基层管理制度的建立和完善过程中，既是让管理制度体系健全和完善的基本方法论，同时也针对管理制度体系的建立和运行提供了可操作的具体方法和工具。PDCA 模式从方法上为石油基层企业提供了一种动态循环的机制，确保了基层企业制度的目标实现和过程控制。需要指出的是，PDCA 模式在目标的设定、过程的监控、信息的反馈等方面的细节上还存在方法上的欠缺，因此在石油基层管理实践中，不能单单依靠 PDCA 模式来提升管理水平，在整个管理制度的推行过程中还需要其他一些精细化管理的手段和工具的共同配合。

精细化管理的 PDCA 模式对于基层管理制度目标的确立和运行提供了方法上的保证，同样的在对制度实施过程中的管理和控制上，精细化管理也提供了有效的工具——目标管理。

目标管理是使基层管理者的工作变被动为主动的一个很好的手段。实施目标管理不但有利于员工高效地工作，同时还为绩效考核制定目标和考核标准，使考核更加科学化、规范化，更能保证考核的公开、公平与公正，从规范人员操作的角度保证了对基层管理制度的施行进行有效的管理和控制。这里谈到的目标，既是整个基层单位的制度目标，也是具体各岗位和工艺流程的工作目标。在考虑对制度施行的过程进行有效管理和控制这一前提下，本文讨论的目标管理更多的是对各岗位和工艺流程是否符合管理制度要求的一种过程上的管理和控制手段，目标管理的核心就是 SMART 原则具体分为五项：

（1）目标必须是具体的（Specific）；
（2）目标必须是可以衡量的（Measurable）；
（3）目标必须是可以达到的（Attainable）；
（4）目标必须和其他目标具有相关性（Relevant）；
（5）目标必须具有明确的截止期限（Time-based）。

无论是制定基层单位的工作目标还是具体到每个员工的绩效目标都必须符合上述原则，五个原则缺一不可。按照 SMART 原则对具体的岗位和工艺流程进行分析，确定人员操作的关键点和绩效指标，能有效地帮助基层企业推行具体的管理制度，并对实施效果进行及时准确的评估，推动 PDCA 模式的动态循环，提升基层基础管理水平。

2. QHSE 体系的系统性原理

现代能源企业的 QHSE 管理活动，是从系统原理出发，一是注意了从系统整体出发，分析系统的性质、功能和结构，确定系统的整体目标，对组织运行及整体目标进行整体规划、整体设计和整体优化；二是围绕系统的整体目标，对各子系统管理活动及运行活动进行目标分解，按照企业的部门分工和职责安排，形成职能层次分工合理的管理组织结构和工作体系；三是根据系统的整体规划和整体目标的特点和要求，对系统中各部门各环节分散的管理活动进行系统协调和综合，相互联系和协作，依靠"全员参与"完成系统的总任务和总目标。上述三个方面即为 QHSE 管理的"整分合原则"。

在组织的 QHSE 体系建立健全工作中，系统性的工作包括三个方面的主要内容：明确组织 QHSE 安全的系统要素、明确系统要素的要求和建立系统要素之间的有机联系。

企业的管理系统中不仅各要素之间有相互联系、相互制约的性质和特点，而且企业与外部的信息要素与管理系统也存在着信息的交换、资源的交换与体系管理要素的互动。因此，在石油企业的 QHSE 管理体系应该作为一个与外部环境有着密切关系的开放系统，但同时，其内部又有着相对稳定的结构和特定功能的闭环系统。即要保证企业管理系统开放性与系统内部活动采取相对封闭性与环状管理的相互有机结合。

管理相对封闭原则的实质，就是强调管理过程中管理活动和各职能层次相互促进和相互制约的机制。QHSE 管理活动本身就是一种客观上层层相印、环环相扣的循环过程，是各因素各环节相互作用、相互制约的统一体。要实现系统的整体目标，就必须建立系统的约束机制，即在 QHSE 管理体系中确定体系运行的监控机制及外部保障机制来保证系统的运行和整体目标的实现，建立封闭式的管理回路。

能源企业内部的 QHSE 管理同时也有相应的弹性原则，这是基于企业管理系统的动态性及与外界关系发展变化的复杂多变性而提出的管理原则。在改革开放的环境下，中国的社会经济快速发展，石油企业的内部发展目标与外部生存环境都在发生着深刻的变化。因此，石油企业的 QHSE 管理是由多种因素构成的复杂巨系统，涉及石油企业生产经营的各个环节，其生产经营活动范围涉及多方面的业务，面临着复杂多变的市场环境及日趋严格的健康、安全、环境方面的法律法规要求。此外，组织的整合重组持续进行，时刻要面对各种企业危机。因此，在 QHSE 管理体系的设计和运行时要考虑弹性原则，使用科学方法，在制定目标和实施方案等方面要保持弹性，同时要在外部环境及内部结构发生变化时做到及时调整，灵活应变。

在企业管理的各个要素之间还要注意，因为外界环境变化和系统状态的变化，应对实施与计划之间的差距及时进行检测检查，考虑是否采取纠正行动或更进一步的行动来控制系统的活动，确保目标的实现。对 QHSE 管理体系利用系统反馈原则要做好的两个方面：一是功能齐全的 QHSE 管理信息交流沟通系统，二是根据运行过程信息反馈的反馈控制系统。

图 12-3 为一个企业各方面要素之间相互关系的互动图。例如，当工程建设进度很紧急时，工程建设的安全性或质量并不高，但若工程建设进度很漫长时，工程建设的安全性和质量也不会很高。因此，只有在工程建设的合理工期进度实施过程中，该工程的作业安全性和工程建设质量才可以得到有效保证，而安全和成本之间则有着正相关的特点。

从图 12-3 中可以看出，企业各个要素之间具有高度的相关性。因此，在做决策时则必须考虑到各个因素，集成化进行管理，决不可单一的考虑某一要素。往往在把某一项要素做重点考虑的时刻，也是对其他要素轻视的时间。例如，对进度指标的过于重视将导致安全性和质量等其他指标的下降。我国前些年禁止了"献礼工程"等现象就是对管理系统化认识的一个体现。

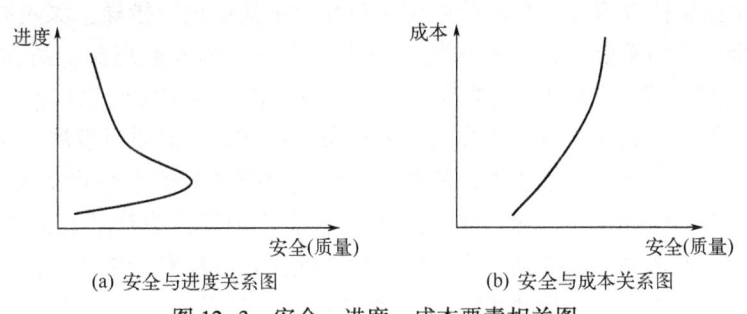

(a) 安全与进度关系图　　(b) 安全与成本关系图

图 12-3　安全、进度、成本要素相关图

QHSE 管理体系只是企业综合管理体系的一个重要的有机组成部分。企业在运作时，不可能以单一的目标开展业务，多个目标往往构成一个系统，因而也会有多个并存的管理体系。不同的部门因职能不同而对不同的体系有一定的侧重，因此应通盘考虑这些体系的组织、过程、程序和资源，尽量合理设置和共享共用，以简化内部各项管理和管理程序的复杂程度，防止文件和工作内容之间的相互冲突，实现相互协调。

QHSE 管理体系应全面的覆盖企业生产活动的全部过程。但同时也必须明确，实现 QHSE 有效管理的关键是识别确定那些需要管理系统控制的 QHSE 关键过程和活动，并进行重点控制。即 HSE 管理体系的主要作用就是在全面管理 QHSE 事项的基础上，确定 QHSE 的关键活动及其风险和影响，加强有效控制，预防事故的发生，将风险降低到可接受的程度。

3. 国家管网集团的 QHSE 管理方针

国家管网集团的 QHSE 管理方针是"生命至上、安全第一、环保优先、质量为本、预防为主、全员履责、持续改进!"

QHSE 方针是组织对其在 QHSE 管理方面的意向和原则的声明,实施 QHSE 的全过程都是在方针和战略目标的指导下进行的,方针和目标应由公司最高管理者制定,是指导思想和行为准则,是健康、安全与环境管理的意图、行动的原则。经最高管理者批准发布,有利于将 HSE 管理纳入全面管理中,实现组织经营、生产、QHSE 目标的统一。

QHSE 方针在发布后应主动传达到所有的员工。由于企业是市场中的一个环节,而 QHSE 目标是一个系统性的目标,在制定方针时应考虑相关方的要求。

QHSE 方针形成文件,付诸实施,予以保持。文件化是健康、安全环境方针有效的手段,而实施与保持则是健康、安全环境方针实现的途径与方法。该文件应传达到所有为组织或代表组织工作的人员,使其认识各自的健康、安全与环境义务。

全体员工认识其各自的 QHSE 义务,从而有助于其对体系的了解和参与。各类相关方应能够有条件获取该文件,以方便企业 QHSE 目标的达成。同时通过各种途径使公众及相关方易获得组织的健康、安全环境方针,也有利于提高组织的公众形象和声誉。

该文件也应被定期评审,以适应不断变化的内外部条件和要求,确保健康、安全和环境体系的持续适宜性。由于方针是企业的 HSE 宣言、声明与目标,各企业的方针应注意与集团公司保持一致,同时应和自身的经营活动、产品或服务的性质和规模以及 HSE 风险相适应。

4. 国家管网集团的 QHSE 管理理念

国家管网集团的 QHSE 管理理念是"安全生产先于一切、高于一切、重于一切"!

国家管网集团坚持以习近平新时代中国特色社会主义思想为指导,深入贯彻落实习近平总书记关于安全生产的重要论述,牢固树立以人民为中心的发展思想,站在忠诚捍卫"两个确立"、坚决做到"两个维护"的高度,增强忧患意识、树牢底线思维,切实把统筹发展和安全落实到工作各领域各环节,以高水平安全服务经济社会高质量发展。时刻绷紧安全生产这根弦,牢固树立安全生产重于泰山的意识,切实增强抓好安全生产的责任感和紧迫感,坚决克服麻痹思想、厌战情绪、侥幸心理、松劲心态,把安全生产放在高于一切、先于一切、重于一切的位置来谋划和推动,实打实、硬碰硬抓好各项安全生产工作。

在各项工作中,强化风险管理和隐患排查整治,充分发挥企业主体安全责任,监管合力,防患未然开展各类风险隐患大检查大整治行动,建立完善风险隐患排查整改档案制度,确保检查全流程有痕迹有追踪有成效,坚决守住不发生重特大安全生产事故的底线。严格落实安全生产责任制,所属单位坚决扛起安全生产主体责任,始终把安全当作头等大事来抓。实现集团公司"零缺陷、零伤害、零事故、零污染"的 QHSE 战略目标。

5. QHSE 管理原则

(1) 任何决策必须优先考虑健康安全环境。

良好的 HSE 表现是企业取得卓越业绩、树立良好社会形象的坚强基石和持续动力。HSE 工作首先要做到预防为主、源头控制,即在战略规划、项目投资和生产经营等相关事务的决策时,同时考虑、评估潜在的 HSE 风险,配套落实风险控制措施,优先保障 HSE 条件,做到安全发展、清洁发展。

(2) 安全是聘用的必要条件。

员工应承诺遵守安全规章制度，接受安全培训并考核合格，具备良好的安全表现是企业聘用员工的必要条件。企业应充分考察员工的安全意识、技能和历史表现，不得聘用不合格人员。各级管理人员和操作人员都应强化安全责任意识，提高自身安全素质，认真履行岗位安全职责，不断改进个人安全表现。

（3）企业必须对员工进行健康安全环境培训。

接受岗位 HSE 培训是员工的基本权利，也是企业 HSE 工作的重要责任。企业应持续对员工进行 HSE 培训和再培训，确保员工掌握相关 HSE 知识和技能，培养员工良好的 HSE 意识和行为。所有员工都应主动接受 HSE 培训，经考核合格，取得相应工作资质后方可上岗。

（4）各级管理者对业务范围内的健康安全环境工作负责。

HSE 职责是岗位职责的重要组成部分。各级管理者是管辖区域或业务范围内 HSE 工作的直接责任者，应积极履行职能范围内的 HSE 职责，制定 HSE 目标，提供相应资源，健全 HSE 制度并强化执行，持续提升 HSE 绩效水平。

（5）各级管理者必须亲自参加健康安全环境审核。

开展现场检查、体系内审、管理评审是持续改进 HSE 表现的有效方法，也是展现有感领导的有效途径。各级管理者应以身作则，积极参加现场检查、体系内审和管理评审工作，了解 HSE 管理情况，及时发现并改进 HSE 管理薄弱环节，推动 HSE 管理持续改进。

（6）员工必须参与岗位危害识别及风险控制。

危害识别与风险评估是一切 HSE 工作的基础，也是员工必须履行的一项岗位职责。任何作业活动之前，都必须进行危害识别和风险评估。员工应主动参与岗位危害识别和风险评估，熟知岗位风险，掌握控制方法，防止事故发生。

（7）事故隐患必须及时整改。

所有事故隐患，包括人的不安全行为，一经发现，都应立即整改，一时不能整改的，应及时采取相应监控措施。应对整改措施或监控措施的实施过程和实施效果进行跟踪、验证，确保整改或监控达到预期效果。

（8）所有事故和事件必须及时报告、分析和处理。

事故和事件不仅代表着损失或可能的损失，同时也是一种资源，每一起事故和事件都给管理改进提供了重要机会，对安全状况分析及问题查找具有相当重要的意义。要完善机制、鼓励员工和基层单位报告事故，挖掘事故资源。所有事故事件，无论大小，都应按"四不放过"原则，及时报告，并在短时间内查明原因，采取整改措施，根除事故隐患。应充分共享事故事件资源，广泛深刻吸取教训，避免事故事件重复发生。

（9）承包商管理执行统一的健康安全环境标准。

企业应将承包商 HSE 管理纳入内部 HSE 管理体系，实行统一管理，并将承包商事故纳入企业事故统计中。承包商应按照企业 HSE 管理体系的统一要求，在 HSE 制度标准执行、员工 HSE 培训和个人防护装备配备等方面加强内部管理，持续改进 HSE 表现，满足企业要求。通过以上原则，我们了解到，HSE 管理体系不只是安全环保部门的任务，也是组织的全体成员的共同任务，更是在承包方（服务方）共同努力下的整体工作目标。从纵向看，HSE 管理体系不仅直接与领导的决策有关，也与所有的基层员工有关，更与包括安全环保管理部门在内的所有职能部门有关。

三、QHSE 管理体系组成要素

国家管网集团公司按照国际国内 QHSE 管理体系现行标准，结合国内外油气管道行业管理模式和管理实践，聚焦集团公司核心生产经营业务，按照 PDCA 管理模式，设置 QHSE 管理要素并明确职责界面，建立了国家管网集团公司 QHSE 管理体系运行模式（图 12-4）。该体系要素包括 6 个一级要素，31 个二级要素，105 个管控要点（表 12-1）。

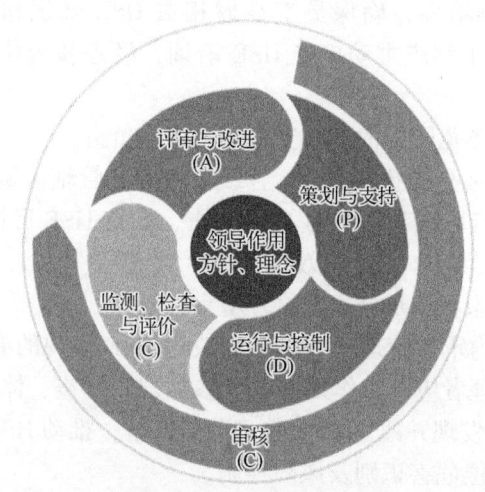

图 12-4 国家管网集团公司 QHSE 管理体系运行模式

表 12-1 国家管网集团 QHSE 体系要素分配表

一级要素	二级要素	三级管控要点
领导作用	方针、理念、战略目标、禁令	方针
		理念
		战略目标
		安全生产禁令
	领导力	领导承诺
		有感领导
	全员参与	全员参与
策划	合规性管理	法律法规
		标准规范
	风险防控策划	质量风险防控策划
		安全风险防控策划
		环境风险防控策划
		职业健康风险防控策划
	目标管理	目标、指标
		规划、计划
支持	管理文件控制	管理制度
		技术标准
		操作规程

续表

一级要素	二级要素	三级管控要点
支持	管理文件控制	其他文件
		记录控制
		信息化
	组织与资源保障	组织机构与职责
		人员配备
		安全生产投入
	能力与培训	培训
		履职能力评估
	沟通与协商	内部沟通与协商
		外部沟通
运行与控制	质量管理	工程建设质量管理
		油气储运质量管理
		维检修质量管理
		物资采购
	工程建设项目管理	项目实施策划
		工程设计
		招标与采购
		工程实施
		工程监理
		试运行投产
		竣工验收
	生产运行管理	工艺管理
		调度运行管理
		仪表自动化管理
		通信管理
		计量管理
		能源管理
	油气储运设施管理	输油气站（油库）管理
		LNG接收站管理
		储气库管理
		管道线路管理
		基层站队标准化管理
	承包商和供应商	承包商管
		供应商管理
	作业许可	作业安全分析
		作业方案

续表

一级要素	二级要素	三级管控要点
运行与控制	作业许可	作业许可管理
		作业现场管理
	隐患管理	隐患排查
		隐患评估
		隐患管控与治理
	危化品与重大危险源管理	危险化学品管理
		重大危险源管理
	变更管理	工艺变更
		油气储运设施变更
		工程变更
		组织机构、人员变更
		其他变更
	污染防治与生态保护管理	污染物达标排放管理
		固体废物管理
		排污许可管理
		温室气体排放管理
		生态保护与土壤及地下水调查评估管理
		清洁生产管理
		环境监测与信息管理
	员工健康管理	职业病危害场所管理
		职业健康监护管理
		公共卫生管理
		职业卫生档案管理
	安保管理	安全保卫
		反恐怖防范
	消防安全管理	消防队伍
		消防设施
		防火管理
		灭火与救援
	道路交通安全管理	驾驶员管理
		车辆管理
		交通运行管理
	应急管理	应急预案
		应急资源
		应急培训演练与评估
		应急响应、恢复与总结

续表

一级要素	二级要素	三级管控要点
绩效评价	监测与检查	例行检查
		监督检查
		专职监督
		合规性评价
	体系审核	审核标准
		审核员管理
		审核实施
	绩效考核	绩效考核评价
		评先选优
评审与改进	事故事件管理	事故管理
		事件管理
	纠正和预防	偏差纠正
		举一反三与预防
	管理评审	评审实施
		持续改进

注：(1) "领导作用"是 QHSE 管理体系建立与实施的前提条件；
(2) "方针、理念"是 QHSE 管理体系建立和实施的总体原则；
(3) "策划"是 QHSE 管理体系建立与实施的输入；
(4) "支持"是 QHSE 管理体系建立与实施的基础；
(5) "运行与控制"是 QHSE 管理体系实施的关键；
(6) "监测、检查与评价"是 QHSE 管理体系有效运行的保障；
(7) "评审与改进"是推进 QHSE 管理体系持续改进的动力。

第三节　国家管网 QHSE 体系要素矩阵图建立

一、建立步骤

QHSE 体系（质量、健康、安全和环境体系）是任何企业安全生产和环保行为的核心组成部分，涉及公司所有工作流程，包括人力、设备、技术、管理等所有环节，需要企业从全局的角度出发进行规划和建设。对于国家管网公司来说，建立 QHSE 体系要素矩阵图是一个重要的步骤。通过这种矩阵图，可以清晰、直观地描绘出 QHSE 体系的各个要素及其相互关系，对于企业整体提升 QHSE 体系的管理水平具有重要的价值。建立 QHSE 体系要素矩阵图主要有六步。

1. 概括企业的 QHSE 体系要素

QHSE 体系的要素可以概括为公司的政策、程序、人员、设施、设备、材料和环境。这些要素是 QHSE 体系能够运行的基础，需要明确并深入理解。

2. 制定 QHSE 体系要素间的关系

这个步骤需要找出这些要素之间的相互关系，以明确它们如何相互作用以实现 QHSE 的目标。例如，政策需要被所有员工理解和遵循，程序需要人员执行并在适当的设施和设备中进行，材料和环境则影响人员和设备的操作。

3. 制定 QHSE 体系要素的衡量指标

对于每一个 QHSE 体系要素，都需要设定适当的衡量指标，以便监测它们的表现和进展。例如，可以通过员工的合规性和满意度来衡量政策的有效性，通过程序的完成度和效率来衡量程序的效果。

4. 制定 QHSE 体系要素的改进计划

基于上述的衡量指标，制定每个要素的改进计划，以推动 QHSE 体系的持续改进。例如，如果发现程序的完成度低或效率低，就需要找出原因并制定改进计划。

5. 制定 QHSE 体系要素矩阵图

将以上内容合并，便可以制定出 QHSE 体系要素矩阵图。这个图应清晰显示每个要素、它们的关系、衡量指标和改进计划。

6. 实施 QHSE 体系要素矩阵图

在制定出 QHSE 体系要素矩阵图后，应将其广泛推广给所有相关员工，并着手实施。在实施过程中，应持续监控衡量指标，以跟踪进展和效果。

以上六个步骤只是建立 QHSE 体系要素矩阵图的基本流程，具体实施时可能还需要根据企业的实际情况进行调整和优化。在整个过程中，应始终牢记 QHSE 的核心理念——提供优质的产品和服务，保护员工的健康和安全，尊重和保护环境。

二、人员组织与培训

成功建立 QHSE 体系要素矩阵图需要一支专门的工作团队，包括有熟练技能和足够经验的管理者、专业人士，以及能够执行改变和改进的员工。此外，为了确保各级员工充分理解和执行 QHSE 体系的相关政策和程序，必须进行充分的培训。QHSE 体系要素矩阵图建立人员组织和培训的具体分为五步。

1. 组织 QHSE 团队

要成功地建立和实施 QHSE 体系要素矩阵图，必须首先组建一个专门的 QHSE 团队。这个团队应包括公司的管理层、QHSE 专业人士，以及其他重要的关键人员。每个成员都应在 QHSE 管理的各个方面负有特定的责任，并且需要定期报告其工作进度。

2. 设定明确的角色和责任

为了确保 QHSE 体系的顺利运行，各团队成员必须清楚其角色和责任。例如，管理层需要制定和实施政策，QHSE 专业人士需要制定并更新 QHSE 程序，员工则需要遵守这些政策和程序。各成员的角色和责任应明确并在全公司范围内公布。

3. 提供 QHSE 培训

所有的团队成员，尤其是执行 QHSE 程序的员工，都需要接受充分的 QHSE 培训。这种培训应包括 QHSE 政策的理解、QHSE 程序的执行、危险识别和防止、事故报告和调查等内容。培训可以通过现场训练、在线课程或研讨会等形式进行。

4. 制定人员培训和发展计划

为了确保 QHSE 体系的长期成功，需要制定并实施一个全面的人员培训和发展计划。这个计划应包括新员工的培训、现有员工的进一步培训、潜在领导人的培养。

5. 追踪和评估培训效果

建立有效的培训体系的关键是能够评估其效果。因此，公司需要制定一套能够度量培训效果的指标，例如员工的知识水平、技能熟练度、工作表现等。这些指标应定期检查和评估，以了解培训的效果和需要改进的地方。

QHSE 体系要素矩阵图的建立和实施是一项长期且复杂的任务，需要公司各级员工的广泛参与和积极投入。通过建立一个专门的 QHSE 团队、设定明确的角色和责任、提供充分的培训、制定人员培训和发展计划，以及追踪和评估培训效果，公司可以有效地建立和实施 QHSE 体系，从而实现安全生产、环保和持续改进的目标。

三、建立矩阵图

建立 QHSE 体系要素矩阵图是一项复杂且专业性强的工作。其主要步骤包括：确定体系要素、进行风险评估、绘制矩阵图、制定执行策略和审查反馈等。

1. 确定体系要素

首先，需要确定 QHSE 体系要素矩阵图的要素。QHSE 体系通常包括四个主要部分：质量、健康、安全和环境。每个部分又包含多个要素，如：质量管理的要素可能包括质量政策、质量目标、质量计划等；健康管理的要素可能包括职业健康政策、职业健康风险控制等；安全管理的要素可能包括安全政策、事故预防和应急计划等；环境管理的要素可能包括环境政策、环境影响评价、环境保护行动等。通过这样的划分，可以清晰地看到 QHSE 体系的各个部分和要素。

2. 进行风险评估

确定体系要素后，需要对每个要素进行风险评估。风险评估主要包括风险识别、风险分析和风险评价三个步骤：风险识别是指找出可能对质量、健康、安全和环境产生负面影响的因素；风险分析是指确定这些因素可能产生的影响的严重性和发生的可能性；风险评价则是基于风险分析的结果，确定需要优先控制的风险。

3. 绘制矩阵图

风险评估完成后，可以开始绘制 QHSE 体系要素矩阵图。矩阵图通常是一个二维表格，行表示 QHSE 体系的要素，列表示风险级别。每个格子内则表示该要素在该风险级别下需要执行的控制措施。通过这样的方式，可以清晰地看到每个要素的风险状态和需要执行的控制措施。

4. 制定执行策略

根据 QHSE 体系要素矩阵图，需要制定相应的执行策略。执行策略通常包括风险控制策略、体系维护策略和持续改进策略。风险控制策略是指针对矩阵图中的各个风险，制定具体的控制措施；体系维护策略是指如何保持和提升 QHSE 体系的运行状态；持续改进策略则是指如何通过对 QHSE 体系的反馈和修正，不断提高其效能。

5. 审查反馈

最后，需要定期对 QHSE 体系要素矩阵图进行审查和反馈。审查主要是检查矩阵图的正确性和完整性，反馈则是根据审查的结果，对矩阵图进行修正和更新。这是一个持续的过程，需要公司的管理层和 QHSE 团队共同参与和努力。

建立 QHSE 体系要素矩阵图是一项系统性的工作，需要多个步骤和环节的共同配合。通过这样的方式，可以清晰地看到 QHSE 体系的结构和运行状态，从而更好地实施 QHSE 管理，达到质量、健康、安全和环境保护的目标。

针对国家管网集团各职能部门的职责，编制了集团公司总部安全生产责任矩阵，见表 12-2。

表 12-2 集团公司总部安全生产责任矩阵

管理要素 一级要素	二级要素	集团办公室	人力资源部	党群宣传部	战略发展部	财务资产部	法律合规部	质量安全环保部	巡视审计部	纪检监察组	生产经营本部	工程建设本部	资产完整性管理本部	科技数字本部
领导作用		☆	☆	☆	☆	☆	☆	★	☆	☆	☆	☆	☆	☆
策划	合规性管理	☆	☆	☆	☆	☆	★	☆	☆	☆	☆	☆	☆	☆
	风险防控策划	☆	☆	☆	☆	☆	☆	★	☆	☆	★	★	★	☆
	目标管理	☆	☆	☆	★	☆	☆	☆	☆	☆	☆	☆	☆	☆
支持	管理文件控制	★	★	★	★	★	★	★	★	★	★	★	★	★
	组织与资源保障	☆	★	☆	☆	☆	☆	☆	☆	☆	☆	☆	☆	☆
	能力与培训	☆	★	☆	☆	☆	☆	☆	☆	☆	☆	☆	☆	☆
	全员参与	★	★	★	★	★	★	★	★	★	★	★	★	★
运行	质量保证	☆	☆	☆	☆	☆	☆	☆	☆	☆	☆	★	☆	☆
	工程建设项目管理	☆	☆	☆	☆	☆	☆	☆	☆	☆	☆	★	☆	☆
	承包商和供应商管理	☆	☆	☆	☆	☆	☆	☆	☆	☆	★	☆	☆	☆
	生产运行	☆	☆	☆	☆	☆	☆	☆	☆	☆	★	☆	☆	☆
	设备设施管理	☆	☆	☆	☆	☆	☆	☆	☆	☆	☆	☆	★	☆
	作业许可管理	☆	☆	☆	☆	☆	☆	★	☆	☆	☆	☆	☆	☆
	隐患管理	☆	☆	☆	☆	☆	☆	★	☆	☆	☆	☆	☆	☆
	变更管理	★	★	★	★	★	★	★	★	★	★	★	★	★
	污染防治与生态保护	☆	☆	☆	☆	☆	☆	★	☆	☆	☆	☆	☆	☆
	员工健康管理	☆	☆	☆	☆	☆	☆	★	☆	☆	☆	☆	☆	☆
	安保管理	☆	☆	☆	☆	☆	☆	☆	☆	☆	☆	☆	★	☆
	基层管理	☆	☆	☆	☆	☆	☆	★	☆	☆	★	☆	☆	☆
	应急管理	☆	☆	★	☆	☆	☆	☆	☆	☆	★	☆	☆	☆
	监测、检查与评价	★	★	★	★	★	★	★	★	★	★	★	★	★
	体系审核	☆	☆	☆	☆	☆	☆	★	☆	☆	☆	☆	☆	☆
	事故事件管理	☆	☆	☆	☆	☆	☆	★	☆	☆	☆	☆	☆	☆

续表

管理要素\管理部门		集团办公室	人力资源部	党群宣传部	战略发展部	财务资产部	法律合规部	质量安全环保部	巡视审计部	纪检监察组	生产经营本部	工程建设本部	资产完整性管理本部	科技数字本部
一级要素	二级要素													
运行	纠正与预防	☆	☆	☆	☆	☆	☆	★	☆		★	★	★	☆
	管理评审	☆	☆	☆	☆	☆	☆	★	☆		☆	☆	☆	☆

注："★"代表主要职能部门；"☆"代表协助职能部门。

四、审核与优化

QHSE 体系要素矩阵图在构建完毕后并非一成不变，而是需要持续的审核和优化。这一过程关乎体系的有效性和针对性，关键的步骤包括审查、反馈、优化改进和再次审核。以下是详细的步骤描述：

1. 审查

QHSE 体系要素矩阵图的审查通常由公司的内部审核团队负责。审核的目的在于确认矩阵图是否正确反映了公司的实际情况，包括各要素的风险等级是否准确，控制措施是否有效等。审查过程中需要重点关注的几个问题包括：实际操作中是否存在未在图中标识的风险点、风险等级的判断是否准确、实施的控制措施是否有效、对应的人员培训和组织架构是否到位等。

2. 反馈

审查结束后，审核团队需要将发现的问题和建议反馈给 QHSE 体系要素矩阵图的管理团队。此时，应当全面梳理各项问题，提出针对性的改进建议，并制定相应的整改计划。这一步骤需要与各部门密切协作，以保证整改措施能够有效地贯彻实施。

3. 优化改进

收到反馈后，管理团队需要进行详细的分析并制定出改进计划，对矩阵图进行优化。这可能包括但不限于修正风险等级、更新控制措施、优化组织架构、加强人员培训等。在此过程中，管理团队可能需要与其他部门进行协调，甚至可能需要修改相关的规程和流程，以保证改进措施能够被有效地落实。

4. 再次审核

在优化改进后，需要再次进行审核，以确认改进措施的有效性。如果在此次审核中，仍发现存在的问题，那么需要再次进行反馈和优化改进，形成一个闭环的管理体系。这个过程可能需要反复进行，直到 QHSE 体系要素矩阵图达到预期的目标。

总而言之，QHSE 体系要素矩阵图的审核与优化是一项持续性的工作，需要公司内部各个部门的紧密协作和持续改进。在这一过程中，不仅可以提高 QHSE 体系的效能，还可以不断提升公司的质量、健康、安全和环境保护水平，从而实现企业的长期可持续发展。

第十三章

国家管网集团"三个一"安全生产责任体系

国家管网集团一直以来对安全生产工作高度重视，始终秉持着"压实安全责任、筑牢安全生产防线"的基本要求，创新安全生产责任落实措施，逐步构建起以"一岗一清单"为核心，"一岗一培训"为抓手、"一岗一考核"为监督的"三个一"安全生产责任体系。在国家管网安全生产责任体系的建设过程中，"三个一"工作作为一种核心战略，起着至关重要的作用。这三个"一"的工作实际上是紧密联系在一起的，可以说是相互促进、相辅相成，有机地构成了企业的安全生产责任体系。

第一节 "三个一"工作建设原则

一、全覆盖原则

"一岗一清单"（岗位 QHSE 责任清单）是"三个一"建设的基础、核心，遵循全员覆盖、体系要素全覆盖、业务全覆盖原则。清单明确基层单位各级领导干部、管理人员、专业技术人员和技能操作人员等在生产经营活动中应承担的质量安全生产（QHSE）责任，将 QHSE 风险管理融入日常生产作业活动中，实现 QHSE 管理体系全要素的覆盖，对日常生产、经营活动的各个方面、领域和环节全面管理，达到 QHSE 生产目标。

二、风险管控原则

"三个一"工作聚焦岗位主要业务活动，管控静态风险和动态风险。静态风险管控以"QHSE 风险管理清单"为载体，通过开展年度的 QHSE 风险识别评价、集中辨识复核和评审以及控制措施的落实来管控风险。作业（动态）风险以生产运行、维检修和危险作业为载体，梳理出每个岗位囊括的维检修作业，明确每项维检修任务涉及的高危作业和主要风险，便于岗位员工按照清单落实 QHSE 职责时重点关注，压实作业风险管控责任。

三、PDCA 循环原则

"三个一"工作遵循 PDCA 循环原则。以体系要素为核心，结合 QHSE 管理要素，将 QHSE 管控要点全面纳入责任清单，清单随体系文件、岗位职责的变化动态调整，确保"管业务必须管安全"原则落地；同时，以业务流程为主线，梳理横向工作和纵向业务 QHSE

管控内容，保证工作完整、全面。

四、以落地为目标

"三个一"工作应以落地为目标，具备适用性、可行性与可量化性。"一岗一清单"应形成可量化的岗位 QHSE 责任清单，清单适用于岗位员工，执行程序文件、作业文件要求；"一岗一培训"应以 QHSE 责任清单为标准，形成适用于员工个人的培训计划，针对性开展培训工作；"一岗一考核"应结合 QHSE 责任清单履行情况，形成绩效考核结果，查验偏差，为岗位 QHSE 责任清单修订工作提供方向指引，实现循环管理。

第二节 "三个一"工作的内在联系

一、一岗一清单

这是一个基础工作，它的基本思想是明确每个岗位的职责和权限，确定各个岗位的风险控制点，制定相应的风险防控措施，形成一个清晰、详尽的清单。这个清单既为一岗一培训提供了依据，也是一岗一考核评估的基础。

二、一岗一培训

依据一岗一清单中确定的风险控制点和防控措施，针对性地对岗位员工进行培训，使员工充分理解和掌握其岗位的职责和权限，以及相应的风险防控措施。这样一来，一方面通过培训，员工能够更好地完成其岗位职责并保障岗位安全，同时，这也为一岗一考核提供了评价的标准。

三、一岗一考核

在完成一岗一清单和一岗一培训后，通过一岗一考核对员工的工作效果进行评估，考核的结果反映了员工对于其岗位职责、风险控制点以及防控措施理解和执行的程度。通过考核，能够及时发现和纠正工作中的问题和不足，对于一岗一清单和一岗一培训起到了反馈和优化的作用。

"三个一"工作相辅相成其工作流程图如图 13-1 所示。基层单位制定相应的责任清单、培训和考核内容，以确保员工掌握岗位所需的工作能力，能够胜任工作。"一岗一培训"制

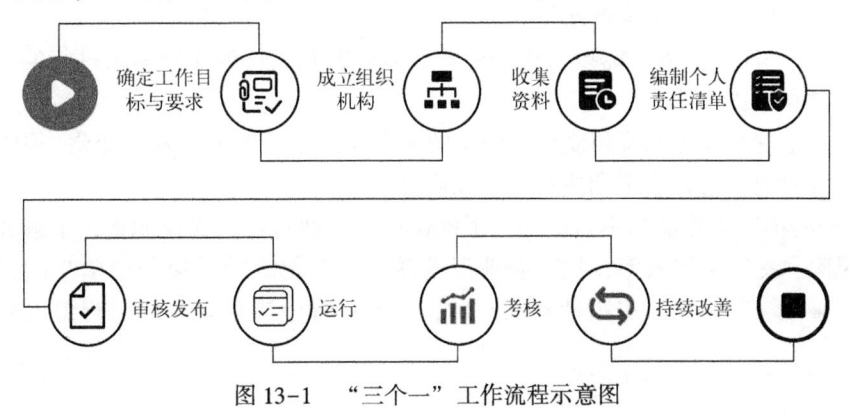

图 13-1 "三个一"工作流程示意图

定培训项目计划，为员工提供适当的培训内容；"一岗一考核"评估员工工作是否符合岗位要求，考核其工作量质量，提供改进反馈。

"三个一"工作实质上是一种职责明确、培训有力、考核有效的安全管理模式。通过对岗位职责的明确，使得安全工作有了明确的责任人；通过有针对性的培训，提高员工的安全意识和技能，使其能够正确地执行岗位职责；通过有效的考核，及时发现和解决问题，提升整体的安全管理水平。这三者相互促进、相辅相成，形成了一个完整、高效的安全生产责任体系，对于企业的安全生产具有极其重要的意义。

第三节 "一岗一清单"编制目的及要求

"一岗一清单"工作是以岗位为单位，按照企业实际情况，依据有关法律法规和企业规定，制定出的具有针对性和操作性的工作清单。该清单包括岗位职责、岗位权力、岗位要求、岗位风险和对应控制措施等内容。在企业的安全生产责任体系中，"一岗一清单"的制定是基础工作，旨在明确各岗位的职责和任务，提升工作效率和安全性。

一、基本目的

明确岗位职责：制定"一岗一清单"首要的目的是明确各个岗位的职责范围，这样能够使得每个岗位的员工都清楚知道自己需要做什么，应对哪些风险和挑战，实现岗位职责的落地和贯彻。

提升工作效率："一岗一清单"为员工提供了清晰明确的工作方向和工作内容，减少了员工在工作中的疑虑和困惑，从而提高了工作效率。

防控风险："一岗一清单"能够将潜在的岗位风险点及时识别出来，并对这些风险点制定出有效的防控措施，以降低事故的发生概率。

优化管理："一岗一清单"能够对企业的工作流程和岗位设定进行全面梳理，有助于发现并优化冗余或低效的环节，提高企业的整体运营效率。

二、基本要求

完整性："一岗一清单"要求清单的内容必须完整，不能遗漏岗位的任何职责和工作内容，每一个岗位的清单都应该包含该岗位的所有职责、任务、风险点及其防控措施。

明确性：清单中的职责、任务和防控措施必须明确，易于理解，员工能够清晰地知道自己需要做什么，以便正确地执行岗位职责。

实用性："一岗一清单"需要根据企业的实际情况和岗位的实际需求进行编制，内容必须具有操作性和可执行性。

动态性：随着企业的发展和变化，岗位的职责和风险点也可能发生变化，因此，"一岗一清单"需要具有动态性，定期进行更新和修订。

"一岗一清单"工作的基本目的是为了确保员工清楚自己的岗位职责，了解并能够妥善处理岗位风险，提升工作效率，提高企业运营效率。在制定"一岗一清单"的过程中，要求内容的完整性、明确性、实用性和动态性，以便更好地满足企业的运营需求和风险管理要求。

第四节 "一岗一清单"编制流程

"一岗一清单"的编制是一项系统的工作，需要依照一定的步骤和流程进行，确保清单的完整性、准确性和有效性。以下是一个具体的"一岗一清单"编制步骤和流程：

一、项目启动

首先，要明确"一岗一清单"项目的启动。这涉及对项目的重视程度、项目组成员的选择、项目计划的制定等内容。项目组成员通常包括公司各部门的代表、管理层成员、专业技术人员等，他们需要有足够的专业知识和实际经验，能够准确识别和分析岗位职责、风险和防控措施。

二、岗位分析

项目启动后，首先进行的是岗位分析。岗位分析是了解岗位的基础，涉及对岗位的名称、位置、性质、内容等方面的全面了解。对岗位进行深入的分析，可以更好地理解岗位的工作内容和职责。

三、岗位风险识别

岗位分析完成后，需要进行岗位风险识别。风险识别是识别岗位在执行职责过程中可能出现的潜在危险因素，如设备故障、操作失误、环境变化等。识别风险需要运用相关的方法和技术，如风险评估、事故案例分析等。

四、防控措施的制定

对于识别出的风险，需要制定相应的防控措施。防控措施是为了预防或减轻风险发生的可能性和影响，可能包括技术措施、管理措施、应急措施等。在制定防控措施时，需要考虑措施的可行性、有效性和经济性。

五、清单的编制

根据岗位分析、风险识别和防控措施的结果，编制"一岗一清单"。清单的内容包括岗位职责、风险和防控措施等，清单需要明确、简洁、易于理解和操作。

油气管道公司可根据 QHSE 管理体系管控要素在基层单位和机关科室层面进行岗位适配，建立 QHSE 管理体系要素分配表。

以 QHSE 管理体系要素分配表为纲领架构，以体系要素为基础，对照岗位工作职责，将工作职责有序梳理进 QHSE 责任清单表中，辨识每项工作职责需履行的 QHSE 职责、履行 QHSE 职责需要掌握的工作技能、应取得的相应证书和应参加的培训种类等。岗位安全生产（QHSE）责任清单格式见附录 A，某作业区管道岗 HSE 责任清单模板见附录 B。

岗位 QHSE 责任清单职责模块分为通用 QHSE 职责与业务 QHSE 职责，内容包括 QHSE 职责、工作标准、工作任务、工作结果及工作赋分 5 部分。

1. QHSE 职责部分

内容包括一级要素、二级要素、三级管控要点、审核要点。编制要求如下：

（1）总体编制要求：以《国家石油天然气管网集团有限公司 QHSE 管理体系管理手册》为依据，结合岗位实际工作职责进行设置，分为职责模块——一级要素—二级要素—三级管控要点—审核要点。一级要素、二级要素和三级管控要点是集团公司体系管理手册中固有内容，依据岗位实际将本岗位的适用的内容识别后放入即可，不对文字描述进行修改；审核要点是依据本岗位工作职责、管控要点与程序文件工作要求，提炼总结后的内容，即本岗位 QHSE 职责；

（2）一级要素、二级要素、三级管控要点编制要求：一级要素、二级要素、三级管控要点对应《国家管网集团 QHSE 管理体系一二级管理要素及三级管控要点》；

（3）审核要点编制要求：对岗位某项工作 QHSE 职责的精准凝练概括描述。

2. 工作标准部分

内容包括工作依据/流程、条款、时限、频次。编制要求如下：

（1）总体编制要求："工作依据/流程"一栏主要梳理与审核要点相对应的规章制度、程序文件、操作规程等，"条款"一栏根据"工作依据/流程"的具体要求填写"工作任务"，"时限、频次"依据条款规定填写程序文件中对应的具体时间，若条款中未明确，各单位可按照以往开展此项工作的时间填写。注意此模块中的工作依据、条款，和后边工作任务、工作结果是相对应的，切不可前后矛盾；

（2）工作依据/流程编制要求：本岗位业务活动中须遵守的程序/细则、技术标准、操作规程等；

（3）条款编制要求：程序/细则、技术标准、操作规程等文件中具体条款编号；

（4）时限编制要求：按照条款内容或公司管理要求，完成该项业务活动的最后期限，明确到月、日，若没有规定时限的，则以此项业务发生时的触发条件为准；

（5）频次编制要求：按照条款内容或公司管理要求，完成该项业务活动的最少频次。

3. 工作任务部分

内容包括 QHSE 风险管控要求、工作具备能力（专业领域中的基本知识/使用的工具/资质）。编制要求如下：

（1）总体编制要求：工作任务 QHSE 风险管控要求一栏，根据审核要点填写对应工作中涉及的静态、动态风险，主要是落实工作职责的过程中进行了哪些具体的 QHSE 风险管控要求；工作具备能力一栏填入工作中所需的通用知识、专业知识和取得的相关证件等内容；

（2）QHSE 风险管控编制要求：程序/细则、技术标准、操作规程等文件中对完成该项业务活动须遵守的 QHSE 要求；

（3）工作具备能力编制要求：完成该项业务活动需具备的基本知识/使用的工具/资质等。

4. 工作结果部分

内容包括记录（清单、票据、总结、报告、计划、台账等）受控单号、记录存放类别、信息系统。编制要求如下：

（1）总体编制要求：工作结果一栏填写工作过程中的各项验证表单，即能够证明开展工作的记录，应与工作标准部分——工作依据和条款相对应。填写时应执行相关程序文件，明确需填入的记录，并填写受控号，工作依据应与记录表单一一对应，没有受控号码的记录表单则根据体系文件或各作业区所制定的表单名称填写；若是没有纸质或电子的记录表单，应写公司的设备设施系统等内容；

（2）记录编制要求：业务活动过程中/完成后形成的清单、票据、总结、报告、计划、台账等，应明确出存放的类别：纸质/电子；

（3）信息系统编制要求：若记录存放在系统中，应填写系统名称。

工作赋分部分：内容包括工作赋分。编制要求如下：

（4）总体编制要求：工作赋分是根据每项工作任务的重要程度进行赋分，便于后期"一岗一考核"的应用。赋分依据完成各工作任务的工作量、难易度、时间成本等，科学、合理分配各工作任务的标准得分（按照岗位特点及实际各有侧重，如基层岗位 QHSE 职责聚焦业务风险管控，在考核赋分上倾斜；管理岗位考核赋分在通用 QHSE 职责上适当倾斜）。

六、不同 QHSE 职责的要求

在职责的具体分类上，划分了通用 QHSE 职责及业务 QHSE 职责，各岗位人员均需从这两个方面对岗位工作职责进行拆解。下面对通用 QHSE 职责及业务 QHSE 职责的要求进行介绍。

1. 通用 QHSE 职责

通用 QHSE 职责是基层站队全体工作人员均应履行的职责，侧重于贯彻落实法律法规及上级要求，涉及 QHSE 体系中的领导作用、合规性管理、管理文件控制、能力与培训、事故与事件管理、应急管理要素等内容。包含应参与、配合的工作，在各岗位上应具备的基本工作能力，人员发生变更后，该岗位应继续开展的职责主要包括：

（1）遵守十大禁令、安全规章制度；

（2）通用安全知识培训；

（3）基层站队的 QHSE 风险及其应对措施；

（4）基层站队通用设备设施、工器具的操作技能；

（5）基层站队事故预防和应急处理程序和能力；

（6）在日常工作中劳保用品的佩戴；

（7）其他 QHSE 职责。

2. 主任/书记业务 QHSE 职责

主任（书记）QHSE 责任清单业务 QHSE 职责应涵盖基层涉及的全要素，在包含各自管理业务范围的基础上，应包含以下内容：

（1）作为基层站队的主要负责人，在上级机关的指导下，对基层站队进行全面管理，承担全面安全、环保责任；

（2）组织基层站队的安全生产责任制建设，明确基层站队员工的安全生产和职业卫生职责，并在上级机关的指导下对职责的适宜性、履职情况进行定期的评估和监督考核；

（3）组织制订、监督并指导本站队员工实施本站队的 QHSE 生产规章制度和操作规程；

（4）组织制定并实施本单位 QHSE 生产教育和培训计划；

（5）组织建立并落实基层站队的安全风险分级管控和隐患排查治理双重预防工作机制，督促、检查本站队的安全生产工作，及时消除本级负责的生产安全事故隐患，同时要求按时上报本级发现且无法独立消除的隐患；

（6）结合《国家石油天然气管网集团有限公司 QHSE 管理体系管理手册（发布稿）》与《国家管网集团 QHSE 管理体系量化审核清单（初稿）》将基层站队所涉及的 QHSE 风险管控要点进行识别；

（7）组织制定本基层站队的生产 QHSE 事故应急救援预案，按时组织应急救援培训和应急救援演练；积极参加上级组织的各类 QHSE 事故应急救援培训与演练；

（8）其他 QHSE 职责。

3. 基层站队副职业务 QHSE 职责

副主任 QHSE 责任清单业务 QHSE 职责应满足于自身所分管工作的要求，在包含各自管理业务范围的基础上，应包含以下内容：

（1）梳理在职责分工中，由副职涉及的工作内容，对标三级要素，结合岗位员工的工作职责体现出副职的协调、组织、监督、审核、验证职能，形成副主任岗位清单；

（2）管理实体设备的副主任业务 QHSE 职责，可分设备类型，以不同的设备风险和控制措施以归纳总结描述相应的管控职责；

（3）主管安全或综合专业副主任，可通过角色转化，以安全岗或综合岗工作任务为基础，紧扣相应风险管控全过程，结合实际逐条提炼每项工作背后涉及安全或综合副主任的管理职能工作，按照三级要素顺序梳理，构建岗位工作与副主任工作 PDCA 循环，形成安全或综合副主任岗位清单。

（4）其他 QHSE 职责。

4. 具有实体设备岗位业务 QHSE 职责

具有实体设备岗位，如机械岗、电气岗、仪表岗等，QHSE 责任清单业务 QHSE 职责应遵循人员持证上岗、建立安全技术档案、维护保养、故障维检修、变更管理 5 个环节要求：

（1）上岗持证要求（无持证要求的岗位可以不写）。法定持证人员 QHSE 职责是确保作业人员持证上岗，具备相应的专业知识，从而保证开展工作的合规性；

（2）依法合规建立设备的安全技术档案，确保设备的安全技术档案齐全，及时在档案中动态更新设备的最新情况；

（3）维护保养，定期开展设备维护保养中 QHSE 风险的管控，研判维护保养工作中具体的作业风险；

（4）故障维检修，研判所管控设备的可能故障及其相应风险，在故障发生时依据作业规程组织维检修并对风险采取相应管控措施；

（5）变更管理，在设备、工艺变更全过程依据程序文件实施全面管理，识别变更的类型、影响因素等风险信息，对变更的实施、验证、关闭进行管理，并及时完善变更资料。

（6）承包商管理，当承包商进场时，依据程序文件对承包商进行现场作业管理；

（7）其他 QHSE 职责。

5. 无实体设备岗位业务 QHSE 职责

无实体设备岗位存在少量或不存在现场设备类风险，更多的是管理风险。应针对管理风险进行风险辨识，并制订相应的 QHSE 风险防范措施，承担相应的 QHSE 职责，通过落实相关 QHSE 风险管控要求（工作任务）提高人员安全意识，掌握物的安全状态。应依此编写相应的 QHSE 责任清单。

七、清单的审核和确认

清单编制完成后，需要进行审核和确认。审核是为了检查清单的准确性和完整性，确认是为了确认清单的内容是正确的。审核和确认的过程可以发现和纠正清单的错误和遗漏。

清单审核和确认无误后，需要进行发布和实施。发布是为了让全体员工知道清单的内容,实施是为了让员工按照清单的内容进行工作。发布和实施的过程需要有一定的方法和手段,以确保清单的有效实施。

油气管道公司可由二级单位各科室、基层单位进行综合审查,由归口管理部门进行复核,由同级安全生产(HSE)委员会进行审批发布。

综合审查应满足以下要求:

(1)岗位间互审。应着重审核工作交叉时的岗位责任分布情况。重点对执行同一要素部分的责任,即主责与配合工作分工情况进行责任划分。

(2)二级单位各科室、基层单位负责人组织集体会审。应重点关注是否存在岗位管控不足导致遗漏风险;是否存在岗位责任未明确导致遗漏责任;是否已全面覆盖本单位工作。保证风险管控"横到边、竖到底、无死角"。

综合审查后应报归口管理部门复核。归口管理部门应对二级单位各科室、基层单位的整体工作进行复核,确保二级单位各科室、基层单位按照编制要求完成所有工作内容,并对所报清单的合规性、全面性、可行性重点审核。经同级安全生产(HSE)委员会审批后,发布实施。

八、清单的评估和优化

清单发布和实施后,需要进行评估和优化。评估是为了检查清单的实施效果,优化是为了改进清单的内容和实施方式。评估和优化的过程需要有一定的方法和手段,以确保清单的持续改进。

员工应当全面了解自身被考核的结果,并对考核中发现的问题进行确认。对于发现的重要问题,应制定改进措施和计划,并将其纳入自身的工作计划中,包括自身的培训计划、工作方式改进计划等。

二级单位科室、基层单位负责人每年初以会议形式组织开展岗位 QHSE 责任清单(含培训和考核清单)的系统性评审与更新工作。应根据非常规作业活动、新增功能性区域、装置或设施以及其他变更情况和事故、事件的发生情况等,适时开展危害因素辨识和风险评价,变更过程中应采取临时管控措施,如电话通知(录音)、传真单等方式,防止产生"盲区段"。每年更新后的岗位 QHSE 责任清单(含培训和考核清单)重新发布,并纳入体系评审内容。

有下列情形之一的,二级单位科室、基层单位应组织对岗位 QHSE 责任清单及时修订:

(1)法律、法规、规章和标准发生变化;
(2)组织机构发生变化;
(3)岗位职责发生变化;
(4)生产工艺技术发生变化;
(5)体系审核和各类检查、隐患排查中发现需要对责任清单进行修订的内容;
(6)事故事件发生后,认为责任清单中须进行修订的内容。

岗位 QHSE 责任清单修订后,应及时报告上级主管部门。

通过以上的步骤,可以编制出一份完整、准确、有效的"一岗一清单"。需要注意的是,这只是一个基本的流程,具体的步骤和方法可能会根据公司的具体情况进行调整。

第五节 "一岗一清单"的运行

"一岗一清单"是企业安全生产责任体系中的重要组成部分，它通过将每个岗位的安全责任具体化，形成清单，使得每个员工都能清楚地知道自己在安全生产中应承担的责任。以下内容将详述"一岗一清单"的运行过程。

一、清单制定

"一岗一清单"的制定首先需要对企业的各个岗位进行全面的安全风险评估，明确每个岗位可能存在的安全风险，以及相应的防控措施。这个过程需要企业安全生产责任体系的管理人员、岗位人员以及安全专家共同参与。

然后，根据评估结果，确定每个岗位的主要安全职责，并形成清单。清单应包含岗位的基本信息（如岗位名称、岗位人员等）、岗位的主要安全职责、岗位的安全风险和防控措施等内容。清单的格式应清晰易读，便于员工理解和执行。

二、清单宣传和培训

清单制定完成后，需要对企业内的员工进行全面的宣传和培训，使他们了解和掌握自己岗位的安全责任。培训内容主要包括清单的主要内容、执行清单的方法和技巧、如何应对岗位安全风险等。

培训方式可以根据企业的实际情况来确定，可以采用面授、网络培训、现场演练等多种方式，要求员工全程参与，亲身体验，确保他们真正理解并能够执行清单上的安全职责。

三、清单执行

清单的执行是"一岗一清单"运行的关键环节。员工在日常工作中，要按照清单的要求，履行自己的安全职责，实施各项安全防控措施。

为了保证清单的有效执行，企业还需要建立一套监督和考核机制。例如，可以定期进行安全巡查，检查员工的工作是否符合清单的要求；可以定期进行安全考核，评价员工的安全行为和结果，对表现优秀的员工进行奖励，对表现不佳的员工进行培训和教育。

四、清单评价和改进

清单的运行并不是一成不变的，需要根据企业的实际情况和环境变化进行定期的评价和改进。企业可以通过定期的安全审计和安全检查，以及员工的反馈，了解清单在实际运行中的效果，找出存在的问题和不足。

然后，根据评价结果，对清单进行修订和优化。这可能涉及清单内容的增减、调整，也可能涉及执行方式、监督方式的改变。无论哪种情况，都要确保清单的实用性和有效性，更好地为企业的安全生产服务。

"一岗一清单"的运行需要全体员工的参与和共同努力，只有这样，企业才能构建起一个健全有效的安全生产责任体系，达到预防事故、减少损失的目标，为企业的稳定发展提供坚实的保障。

第六节 "一岗一清单"评估与完善

"一岗一清单"虽然是一个非常有效的工具,但如果不能及时进行评估和完善,那么这个工具的实用价值将会大大降低。评估和完善是确保"一岗一清单"始终保持高效、有效和精确的重要步骤。以下是进行"一岗一清单"评估和完善的基本步骤:

(1) 制定评估标准。

首先,需要制定一套评估标准,作为衡量"一岗一清单"是否有效的依据。这些标准可以包括:清单中岗位职责的明确程度,风险防控措施的合理性,以及清单在实际工作中的执行情况等。

(2) 执行评估。

基于评估标准,可以进行系统性的评估。这个评估应该是全面的,包括对清单内容的逐一检查,对实际工作执行情况的评估,以及听取员工的反馈等。

(3) 分析评估结果。

在评估结束后,需要对评估结果进行深入的分析。这个分析旨在发现存在的问题和不足,例如清单中是否有遗漏的岗位职责、风险防控措施是否得到有效执行,以及存在哪些阻碍清单执行的因素等。

(4) 制定改进计划。

基于评估结果分析,需要制定一份详细的改进计划。这份计划应该明确列出需要改进的地方,以及具体的改进措施和时间表。

(5) 实施改进计划。

在制定了改进计划后,需要将计划转化为实际行动。这个过程可能包括修改清单内容,提高风险防控措施的有效性,以及通过培训等方式提升员工对清单的理解和执行能力等。

(6) 再次评估。

在实施了改进计划后,需要再次进行评估,以验证改进措施的效果。如果评估结果仍然不理想,那么可能需要进一步分析问题根源,并对改进计划进行相应的修改。

通过以上步骤,可以进行有效的"一岗一清单"评估和完善。需要注意的是,这个过程并非一次性的,而是一个持续的循环。只有通过持续的评估和改进,才能确保"一岗一清单"始终保持高效和有效,最大限度地发挥其价值。然而,"一岗一清单"的建立并非一劳永逸,而需要持续的完善和优化。

一、"一岗一清单"完善原则

"一岗一清单"的完善应坚持以下原则:

(1) 科学性:清单的修订应基于实际操作过程和结果的反馈,考虑到相关岗位的安全风险和操作特点。

(2) 动态性:由于企业运营环境和操作过程可能会发生变化,因此,清单的修订应具有一定的灵活性和动态性,以适应环境和过程的变化。

(3) 实用性:清单的修订应以提升岗位操作安全性为目标,旨在提高员工的安全意识和能力,从而降低安全风险。

二、"一岗一清单"完善步骤

（1）分析反馈：通过收集和分析员工的反馈，了解清单的实际效果，发现清单中存在的问题。

（2）评估清单：对清单进行详细的评估，确定需要修订的部分。

（3）计划修订：根据评估结果，制定清单的修订计划。

（4）实施修订：按照修订计划，对清单进行实际的修订操作。

（5）验证修订：验证修订后的清单是否满足预期的效果。

（6）持续跟踪：对修订后的清单进行持续的跟踪和监控，以确保其能够持续发挥预期效果。

三、"一岗一清单"完善方法

在实际操作中，"一岗一清单"的完善可以采用多种方法，包括但不限于：

（1）员工反馈：定期收集员工的反馈，了解他们在操作过程中遇到的问题，以及他们对清单的建议和意见。

（2）专家评估：定期邀请安全专家对清单进行评估，提出专业的建议和指导。

（3）数据分析：通过分析相关的数据和信息，了解清单在实际操作中的效果，以便进行优化。

（4）培训与教育：通过定期的培训和教育，提升员工的安全意识和能力，使他们能够更好地理解和执行清单。

总之，"一岗一清单"的持续完善是安全生产责任体系持续改进的重要环节。只有通过持续的优化和完善，"一岗一清单"才能真正发挥其在提升员工安全意识、保障企业安全运营中的作用。

第七节 "一岗一培训"建立流程

"一岗一培训"的理念主要是通过精确对每一岗位进行针对性的培训，使得每一位员工都能够清楚明确自身的工作职责、工作流程和安全准则。这种方式可以确保员工熟悉自身的工作职责，同时掌握在执行过程中应当遵守的所有规范和标准。以下将阐述"一岗一培训"的构成以及如何进行内容搭建。

一、组成部分

"一岗一培训"的构成主要包括以下四个方面：

（1）在岗培训：按照岗位需求制定培训计划表，按期开展。在QHSE责任界面中可实现岗位培训预警功能。

（2）取证培训：按照岗位持证台账，按期开展。在QHSE责任界面中可实现取证提前3个月提醒功能。

（3）岗前培训：新入职、转岗员工开展。收集各岗位岗前培训资料，编制岗前培训效果试卷。

（4）积分培训：通过"线上+线下"培训来提高不同作业员工的安全知识、安全技能、安全意识、安全意愿，内容可包括：
① 习近平关于安全生产重要论述；
② 各层级关于安全生产的重要讲话和会议精神；
③ 国家管网集团安全方针理念；
④ 安全生产相关法律法规；
⑤ 风险、隐患、应急等安全专业知识；
⑥ JSA、安全观察与沟通等 QHSE 工作和方法；
⑦ 事故事件和案例教育视频；
⑧ 其他和安全有关的知识内容。

（5）改进培训：针对绩效考核排名后 20% 的岗位员工，根据员工实际情况编制提升培训计划，并按计划开展培训。培训考核结果纳入 HSE 绩效考核分数。

二、内容搭建

在岗位 QHSE 责任清单基础上，系统识别各岗位完成 QHSE 职责需具备的能力（包括基本知识/使用的工具/资质等），根据应具备的能力识别培训需求及培训内容，形成完整的培训矩阵表，进而制订相应的培训计划，依据培训计划开展多层次培训工作。

各单位应根据各岗位培训清单内容开发配套的课程体系，包括管理制度、岗位作业指导书、应急预案、岗位实操、应知应会及其他安全生产标准化相应内容。

依据岗位 QHSE 责任清单，应结合年度工作目标及重点工作任务，在满足岗位和组织要求的基础上，制定培训项目计划，增加个人培训需求与培训计划的关联度。培训项目计划应按年度目标任务相关程度和对培训期望的迫切程度进行高、中、低优先级别的排序，应就培训地点、培训时间、培训方式、培训内容、培训依据等方面进行落实，对培训人数、举办期次和培训经费进行测算，将具备培训条件的项目纳入培训计划。

培训计划的制订和实施应满足以下要求：

（1）依据岗位 QHSE 责任清单，识别岗位必备的知识和技能；

（2）将岗位必备的 QHSE 知识和技能，列入培训需求调查表，在每年的 QHSE 培训需求调查中得以体现；

（3）依据 QHSE 培训需求调查结果编制与 QHSE 培训矩阵表相对应的 QHSE 培训计划，明确培训目标、内容、形式等；

（4）根据分层次的培训计划，各级组织开展培训；

（5）培训结束后，进行培训效果评估，了解员工的学习成果和培训效果，以及是否需要进一步完善培训计划。

（6）持续改进，不断总结和反思培训过程，根据反馈和评估结果，对培训计划进行调整和改进，以达到更好的培训效果。

"一岗一培训"的内容搭建过程一般为：

（1）分析岗位职责：首先，根据"一岗一清单"中的内容，分析每个岗位的具体职责和工作要求，明确培训的目标。

（2）制定培训计划：接着，制定出针对各岗位的培训计划。这个计划应该明确培训的内容、方式、时间以及培训效果的评估方法。

（3）设计培训内容：设计出详实、丰富的培训内容。内容设计应当结合理论与实际，理论知识要准确、全面，实际操作训练要确保员工有充分的实践机会。

（4）实施培训：在计划和内容准备就绪后，开始对员工进行系统的培训。在培训过程中，要注重与员工的互动，提高员工的学习兴趣和参与度。

（5）评估培训效果：培训结束后，进行效果评估，看看员工对培训内容的掌握程度如何，工作能力有无提升，是否存在需要改进或者补充的内容。

（6）不断优化：根据评估结果，不断优化和更新培训内容，使其更加符合岗位的实际需要。

通过明确"一岗一培训"的构成及内容搭建，可以帮助企业实现有效的员工培养，提升整体的工作效率和安全水平，为企业的稳定和发展提供强有力的人力支持。

第八节 "一岗一考核"建立流程

"一岗一考核"是企业安全生产责任体系中的关键一环，它通过对每个岗位的安全职责进行定期的考核，提高员工的安全意识，保证企业安全生产的有效运行。

"一岗一考核"是针对每名员工在本岗位所涉及的 QHSE 履职情况进行的个人绩效考核，客观评价员工在岗位上的贡献，并最终纳入人事部门绩效考核。考核依据不同岗位对 QHSE 工作的参与程度和重要程度，设置相匹配的权重系数，以体现"管业务管安全"。

考核工作由员工直线领导（岗位工作直接领导）组织进行。考核结果应向员工进行完整的沟通和反馈，由员工签字确认。考核结果可由直线领导留存或通过后期 HSE 一体化平台系统保存。"一岗一考核"的建立主要包含以下几个方面：

（1）自评的内容和方法。

"一岗一考核"的自评主要是指员工对自己在履行安全职责中的行为和结果进行自我评价。自评内容应涵盖岗位的所有安全职责，包括员工的安全行为、安全技能、安全意识等。

自评方法可以灵活多样，可以是员工个人书面反思，也可以是团队讨论总结，还可以是员工通过安全培训或演练的方式进行反馈和调整。

（2）自评的意义。

自评可以帮助员工了解自己在安全职责履行中的优点和不足，提升员工的安全意识和能力。自评还可以帮助企业了解员工的安全行为和态度，为企业的安全管理提供参考。

自评还可以促进员工和企业之间的沟通和交流，帮助企业了解员工的需求和困难，为企业提供改进安全管理的依据。

（3）考核的内容和方法。

"一岗一考核"的考核内容主要包括员工的安全行为、安全结果和安全改进等。考核的目标是确认员工是否按照"一岗一清单"的要求履行自己的安全职责。

考核方法应具有公正性和科学性，可以采用观察员工的日常行为、检查员工的工作成果、听取员工的自我评价等方式。

（4）考核的意义。

考核可以检验员工履行安全职责的效果，对表现优秀的员工给予奖励，对表现不佳的员工进行指导和帮助。考核还可以检验企业安全生产责任体系的运行效果，为企业的安全管理提供依据。

考核还可以提高员工的安全意识，促使员工主动关注安全，提升企业的安全生产水平。

(5) 自评和考核的应用。

自评和考核的结果应用于企业的安全管理中，比如，对表现优秀的员工进行表彰，提高员工的安全行为和态度。对表现不佳的员工进行安全培训和指导，提升员工的安全能力。

自评和考核的结果还应用于企业安全生产责任体系的调整和改进中。比如，根据自评和考核的结果，对"一岗一清单"进行修订和优化，使其更符合岗位的实际需求。

"一岗一考核"的自评和应用是安全生产责任体系运行的重要环节，只有做好自评和应用，才能真正实现"一岗一考核"的目标，即提高员工的安全意识和能力，保证企业的安全生产。

参考文献

[1] 乔欣,李娜. 压实安全生产责任筑牢安全生产防线[N]. 青海日报,2024-04-25 (6). DOI:10.28625/n.cnki.nqhrb.2024.001723.

[2] 翟文. 关于企业全员安全生产责任制建立与落实的思考[J]. 中国安全生产,2023,18 (8):8-12. DOI:10.20115/j.cnki.cn11-5404/x.2023.08.007.

[3] 赵正来. 安全生产责任体系建设探讨[J]. 中国应急管理,2023,(6):48-49.

[4] 程小婉. 全员安全生产责任制法律问题研究[D]. 中国矿业大学,2023. DOI:10.27623/d.cnki.gzkyu.2023.000536.

[5] 李龙飞. 健全并落实全员安全生产责任制推动构建"大安全"管理体系[J]. 中国建材科技,2022,31(6):102-104,101.

[6] 石少华. 企业全员安全生产责任制解析(二)[J]. 电力安全技术,2022,24 (8):1-4.

[7] 石朝阳. 中国电建集团安全生产"四个责任体系"建设与应用[J]. 劳动保护,2022, (8):98-100.

[8] 石少华. 企业全员安全生产责任制解析(一)[J]. 电力安全技术,2022,24 (7):1-4.

[9] 薛凯旋. 建立企业安全生产责任体系的必要性与方法研究[J]. 石油工业技术监督, 2021,37(1):41-43.

[10] 认真贯彻落实企业安全生产责任体系五落实五到位规定[J]. 中国安全生产,2015, 10(5):72.

[11] 国家安全监管总局办公厅.《企业安全生产责任体系五落实五到位规定》解读[N]. 中国安全生产报,2015-04-04(3).

[12] 彭涛,赵磊,李宁,等. 责任矩阵在生活必需品应急保障责任评估中的应用[J]. 中国安全生产科学技术,2014,10(3):74-80.

[13] 段伟利,陈国华. 企业安全生产管理责任矩阵应用[J]. 中国安全科学学,2010,20 (1):118-124. DOI:10.16265/j.cnki.issn1003-3033.2010.01.028.

[15] 吴月浩,王松,王建英. 谈企业安全生产责任体系的建立[J]. 安全,2013,34 (4):32-34.

[15] 孙文友. 浅谈安全生产责任制体系建设[J]. 化工管理,2014,(32):89.

[16] 安平,刘焱. 论企业如何开展安全生产责任制体系化建设[J]. 中小企业管理与科技, 2019,(9):76-77.

[17] 陈余华. 浅析安全生产责任制的落实[J]. 能源与环境,2011,(5):104-105.

[18] 吴德利,李俊荣. 浅谈如何建立健全安全生产责任体系更好地落实安全责任[J]. 安全、健康和环境,2003,(4):23-24,34.

[19] 刘训. 建立安全生产责任体系确保主体责任落实[J]. 能源技术与管理,2008,(6): 130-131.

[20] 唐新颖,李凤彬,田大川,等. 建设与落实企业安全生产责任体系[J]. 现代职业安全,2017(7):81-83.

[21] 王庆运. 企业安全生产主体责任理论探讨[J]. 中国安全生产科学技术,2008,4

（6）：169-172.

[22] 陈国华．企业安全生产主体责任管理实务[M]．北京：中国石化出版社，2011.

[23] 胡经伟．煤矿企业落实安全生产责任制与规范化管理实务全书[M]．哈尔滨：哈尔滨地图出版社，2005.

[24] 祁有红．压实安全责任：原理·实物·工具[M]．北京：企业管理出版社，2023.

[25] 罗云．落实企业安全生产主体责任（第2版）[M]．北京：煤炭工业出版社，2018.

[26] 高运增．企业安全生产主体责任[M]．北京：中国劳动社会保障出版社，2018.

[27] 杨双进．企业安全生产责任制编制指南[M]．北京：中国劳动社会保障出版社，2015.

附录A 岗位安全生产（QHSE）责任清单格式

表 A-1 岗位安全生产（QHSE）责任清单

×××作业区×××岗 QHSE 责任清单

岗位名称											
岗位人员					岗位级别						
职责模块	QHSE 职责				岗位 QHSE 职责概述	工作标准			工作任务	工作结果	
	一级要素	二级要素	三级管控要点	审核要点	工作依据流程	条款	时限	频次			
							月	日	次数	周期	QHSE风险管控要求	工作具备能力（专业领域中的基本知识使用的工具资质）	记录（清单、票据、总结、报告、计划、台账等）受控单号	记录存放类别	信息系统	工作赋分	改进
通用QHSE职责											
业务QHSE职责											
安全承诺： 本人承诺贯彻执行国家、集团公司和公司安全生产法令、规定、指示和规章制度；对本岗位业务范围内的安全管理负责，严格遵守集团公司"十大禁令"，坚决杜绝"三违"；自愿接受安全检查与监督考核，绝不弄虚作假，参与安全检查，监督落实隐患整改；及时如实上报事故事件。如有违反，按照考核标准、责任书和相关规定考核；发生生产安全事故，失职照单追责											

承诺人：×××

附录B

××作业区管道岗HSE责任清单模板

表 B-1 ××作业区管道岗 HSE 责任清单模板

岗位名称				管道岗										
岗位人员						岗位级别		××作业区职责概述		负责××作业区管道岗管道线路管理、油气储运设施管理、隐患管理、安保管理等HSE工作				
职责模块	HSE职责					工作标准							工作结果	
	一级要素	二级要素	三级管控要点	审核要点	工作依据/流程	条款	时限		频次		六级——一级			
							月	日	次数	周期	HSE风险管控要求	工作任务		
												工作具备能力（专业领域中的基本知识/使用的工具/资质）	记录、票据、报告、总结、计划、台账等（受控单号）	记录存放类别	信息系统	工作赋分	主要负责人	具体实施人
通用HSE职责	1 领导作用	1.1 方针、理念、目标、禁令	1.1.4 安全生产禁令	(1) 了解并自觉践行国家管网集团安全生产十大禁令。	关于印发《集团公司安全生产十大禁令及释义》的通知	—	—	25	1	月	1. 组织员工参加各层级的安全生产十大禁令培训、宣贯和测试。	安全生产十大禁令内容及释义	日常学习记录表（XG-JCGL-CX-RLZY-26-JL-09）	纸质	—		
													十大禁令主题活动记录	纸质	问卷星		
	2 策划	2.1 合规性管理	2.1.1 法律法规	(1) 贯彻落实法律法规，上级单位和公司安全环保方针政策和标准规范。	《合规管理程序》	5.3	—	25	1	月	1. 参与辨识管道岗适用法律法规及适用条款。	安全生产法等法规学习近平总书记关于安全生产系列重要讲话精神批示精神	—	—	法律事务管理系统		
						5.4	6/9	20	2	年	2. 参与各层级的普法教育和合规培训。		日常学习记录表（XG-JCGL-CX-RLZY-26-JL-09）	纸质	—		

— 141 —

续表

通用HSE职责	2 策划	2.1 合规性管理	2.1.1 法律法规	(1)贯彻落实法律法规、上级单位和公司安全环保方针政策和标准规范。	《合规管理程序》	5.11.2	8	20	年	1	3.参与管道岗职责范围内合规性评价。	合规评价报告不符合项清单	电子	—
						5.11.2	9	15	年	1	4.对照合规评价报告不符合项清单，参与整改工作。	合规评价报告不符合项清单	电子	—
				(2)参与岗位HSE责任制的建设、接受岗位责任清单落实情况的考核，任作业过程中，严格落实岗位安全责任。	《安全生产（HSE）责任制管理程序》	5.3	1	20	年	1	1.参加管道岗HSE责任清单的培训。	日常学习记录表（XG-JCGL-CX-RLZY-26-JL-09）	纸质	—
						5.4	1	31	年	1	2.签订安全生产（HSE）责任书，若岗位HSE责任清单修订后，应重新签字确认。	安全生产QHSE责任书	电子	办公系统平台一年度QHSE责任书

— 142 —

附录B ××作业区管道岗 HSE 责任清单模板

续表

									HSE责任清单		人事辅助系统个人绩效
通用HSE职责	2 策划	2.1 合规性管理	2.1.1 法律法规	(2)参与岗位HSE责任制的建设，接受岗位责任清单落实情况的考核，在作业过程中，严格落实安全责任。	《安全生产(HSE)责任制管理程序》	5.4	7	26	1	月	3.将HSE责任落实情况列入绩效考核，作业区领导审核后兑现。	—	电子	—
						5.3	7	15	1	三年	4.参与分公司开展的安全环保履职能力评估。	—	—	—
					《安全环保履职考评管理程序》	5.3	实时	据实计算			5.新入厂、转岗和重新上岗前，应依据岗位的安全环保能力要求进行培训，并进行入职前安全环保履职能力评估。	安全环保履职能力评估结果表（XG-JCGL-CX-QHSE-34-JL-01）	纸质	—
					《安全环保履职考评管理程序》	5.2	6/11	20	2	年	6.按照管道岗HSE职责，根据自身履职情况，编制工作总结，并填写自评成绩。	年度HSE履职工作总结	电子	熟知岗位职责内容

— 143 —

续表

通用HSE职责	2 策划	2.1 合规性管理	2.1.1 法律法规	(3) 认真学习和严格遵守公司安全环保规章制度和操作规程，服从管理。	《体系文件管理程序》	5.4.2	—	15	1	月	1. 识别管道岗适用的HSE规章制度和操作规程和记录清单，并动态更新清单。	熟知本岗位体系文件内容。	岗位适用文件、记录清单	电子	—
					《标准化管理程序》	5.4.3 5.5.2.4	实时		据实计算		2. 编制体系文件、技术标准、操作规程和作业指导书等培训计划，并按计划参加培训。	熟悉国家标准化方针政策、公司标准化管理文件，了解国内外相关标准动态，掌握相关标准化知识，具有组织和协调能力。	作业区（站、队、中心）日常学习计划（XG-JCGL-CX-RLZY-26-JL-04）	电子	—
													日常学习记录表（XG-JCGL-CX-RLZY-26-JL-09）	纸质	—
													适用标准目录（XG-JCGC-CX-QHSE-21-JL-04）	电子	—
					《体系文件管理程序》	5.2	2/5/8/11	15	1	季度	3. 若体系文件规定不合理或缺失，反时在体系平台中提出完善意见建议。		—	—	基础管理体系文件信息平台意见反馈

续表

类别	序号	分类	子类	细项	职责	依据文件	条款	频次	数量	单位	时间	工作内容	知识	记录	载体	来源
通用HSE职责	2 策划	2.1 合规性管理	2.1.1 法律法规		(3)认真学习和严格遵守公司安全环保规章制度和操作规程,服从管理。	《工作循环分析管理程序》	5.2	6/9	20	2	年	4.开展工作循环分析工作,岗位员工应积极参与工作循环分析。	工作循环分析(JCA)"反三违"基本知识	工作循环分析初始评估表(XG-JCGL-CX-YQCY-16-JL-03);工作循环分析现场评估表(XG-JCGL-CX-YQCY-16-JL-04)	纸质;纸质	—;—
通用HSE职责	2 策划	2.1 合规性管理	2.1.1 法律法规		(4)掌握本职工作所需的安全环保知识,熟练本岗位操作技能,具备事故预防和应急处理能力。	《QHSE培训管理程序》	5.5.4;5.1.1	3/6/9/12;—	15;25	1;1	月;月	1.根据作业区季度考核结果,参与改进培训。 2.按照作业区QHSE培训年度计划,参与法律法规要求的培训。	管道岗应知应会手册	新入职员工个人培训需求调查表(XG-JCGL-CX-RLZY-26-JL-01);作业区(站、队、中心)日常学习计划(XG-JCGL-CX-RLZY-26-JL-04);日常学习记录表(XG-JCGL-CX-RLZY-26-JL-09)	电子;电子;纸质	人事辅助系统个人绩效;—;—

续表

2 策划	2.1 合规性管理	2.1.1 法律法规	(4)掌握本职工作所需的安全环保知识，熟练本岗位操作技能，具备事故预防和应急处理能力。	《QHSE培训管理程序》	4.4	—	1	月	3.参与作业区组织的参训后QHSE意识提升情况的跟踪评估。		E类培训考试试卷	电子	—
				《基层安全活动管理程序》	5.3	周一、周四	2	周	4.参加作业区基层安全活动。	知道基层安全活动计划	作业区（站、队）会议记录（XG-JCGL-CX-XZBG-02-JL-05）	纸质	—
									5.利用各种会议、班组安全活动等时机开展安全经验分享活动。基层岗位员工主动结合自身经历、发生的事件、好的经验，环境健康等方面知识开展安全经验分享。				
				《安全经验分享管理程序》	5.6	周一、周四	2	周		知道安全经验获取途径	日常学习记录表（XG-JCGL-CX-RLZY-26-JL-09）	纸质	—

通用HSE职责

附录B ××作业区管道岗 HSE 责任清单模板

续表

2 策划	2.1 合规性管理	2.1.1 法律法规	(4) 掌握职工作所需的安全环保知识，熟练本岗位操作技能，具备事故预防和应急处理能力。	《质量管理程序》	5.5	3	31	1	年	6. 开展QC小组活动，编制QC成果材料并发布。	群众性质量活动知识	QC小组注册登记（备案）表（XG-JCGL-CX-QHSE-17-JL-01）	电子	办公协同平台-QC
				《主题文化推广管理程序》	5.5	2	28		年			QC成果材料	电子	—
						6/9/11	15	3	年	7. 参加各类HSE主题文化推广活动（劳动竞赛、安全生产月、质量月、安全生产合理化建议等提升QHSE管理提升活动）。	世界环境日、消防日、安全生产月等主题教育	主题教育活动材料	纸质	—
				《应急管理程序》	5.2.1	6/7/8/9	15	1	月	8. 参与编制、修订现场应急方案及应急处置卡。		岗位相关的现场处置预案	纸质	—
					5.2.1	—	24	1	月	9. 参与应急培训和演练工作。	应急管理知识现场应急救知识环境保护管理	日常学习记录表（XG-JCGL-CX-RLZY-26-JL-09）	纸质	—
					5.2.2							应急演练总结报告	纸质	—
通用HSE职责					5.2.4	—	24	1	月	10. 参与管道岗相关应急物资需求计上报、人库、检查工作。		—	电子	—

— 147 —

续表

通用HSE职责	2 策划	2.1 合规性管理	2.1.1 法律法规	(4) 掌握本职工作所需的安全环保知识，熟练本岗位操作技能，具备事故预防和应急处理能力。	《应急管理程序》	5.4	突发事件发生时	据实计算	11. 参与突发事件前期处置并配合后期处置，负责第一时间向上级汇报突发事件信息。	—	—	—
						5.4	周一、周四	2	12. 负责管道因事件的上报、处置、调查、措施跟踪和落实。	事故调查和原因分析技术 事件上报及审核要求	—	协同办公平台—事件信息系统
						5.5						
						5.6						
						5.7	周					
					《生产安全事件管理程序》	5.1	安全经验分享时	据实计算	13. 组织将典型事件以培训课件等形式，进行安全经验分享。	日常学习记录表（XG-JCGL-CX-RLZY-26-JL-09）	纸质	—
				(5) 正确佩戴和使用劳动防护用品，统一规范。	《劳动防护用品管理程序》	5.6.4	3/6/9/12	1	1. 对岗位配备的劳动防护用品开展安全检查，对不符合质量要求及破损的劳动防护用品及时处理更换。	风险识别方法	集体护品维护、使用、清洗表（XG-JCGL-CX-QHSE-07-JL-01）	电子

— 148 —

附录B ××作业区管道岗 HSE 责任清单模板

续表

通用HSE职责	2 策划	2.1 合规性管理	2.1.1 法律法规	（5）正确佩戴和使用劳动防护用品，统一规范。	《劳动防护用品管理程序》	5.5.1	3/6/9/12	20	1	季度	2.参加劳动防护用品使用培训。	日常学习记录表（XG-JCGL-CX-RIZY-26-JL-09）	纸质	—
						5.5.3	3/6/9/12	20	1	季度	3.熟练正确穿（佩）戴和使用劳动防护用品。	劳动防护用品使用		
												安全观察与沟通记录表（XG-JCGL-CX-QHSE-42-JL-01）	纸质	—
业务HSE风险职责	2 策划	2.2 风险防控策划	2.2.1 质量风险防控策划 2.2.2 健康风险防控策划 2.2.3 安全风险防控策划 2.2.4 职业健康风险防控策划	（1）掌握了解作业现场、工作岗位存在的危害因素、防范措施和事故应急措施。	《HSE风险管理程序》	5.5	1	31	1	年	1.参与管道相关岗业务HSE风险辨识、评价及控制工作。	健康风险管理台账（XG-JCGL-CX-FXGL-04-JL-01）	电子	—
												双重预防机制建设知识 隐患判定标准和隐患治理知识	安全风险管理台账（XG-JCGL-CX-FXGL-04-JL-02）	电子	—

— 149 —

续表

2 策划	2.2 风险防控策划	2.2.1 质量风险防控策划 2.2.2 健康风险防控策划 2.2.3 安全风险防控策划 2.2.4 职业健康风险防控策划	《HSE风险管理程序》	5.5	1	31	1	年	(1)掌握了解作业现场工作岗位存在的危害因素、防范措施和事故应急措施。	1.参与管道相关岗业务HSE风险识别、评价及控制工作。	双重预防机制建设知识 隐患判定标准和隐患治理知识	环境风险管理台账（XG-JCGL-CX-FXGL-04-JL-03）	电子	—
			《HSE风险管理程序》	5.3.8	—	每天	1	天		1.对开展的管道业务进行风险研判，进行交底，并落实相关HSE风险管控措施	危害因素识别评价	《工作前安全分析表》（Q/SY1238-2009-XG-JCGL-JL-01）	电子	—
4 运行与控制	4.4 油气储运设施管理	4.2.2 管道线路管理（管道本体）	《管道线路数据管理程序》	4.7	10	1	1	年	(1)负责辖区管道完整性数据收集和管理。	1.开展新投产、在役管道安全技术数据采集，包括但不限于人口、环境、水文地质、道路、维修防腐、管道检测、缺陷点、几何变形点、失效事件、报警信息及工程变更。	管道完整性相关知识	管道地区等级数据台账（XG-JCGL-CX-GDXTWZX-14-JL-01）	电子	—
												管道周边人口环境数据台账（XG-JCGL-CX-GDXTWZX-14-JL-02）	电子	—
												管道50m范围内埋地设施数据台账（XG-JCGL-CX-GDXTWZX-14-JL-03）	电子	—
												管道1000m范围内等级公路铁路台账（XG-JCGL-CX-GDXTWZX-14-JL-04）	电子	—

业务HSE风险职责

续表

业务HSE风险职责	4 运行与控制	4.4 油气储运设施管理	4.2.2 管道线路管理（管本体）	(2) 负责组织承包商对管道本体进行检测（内检测）。	《管道完整性评价管理程序》	5.6.3	依据方案确定	1	8年	1. 负责实施所辖区域管道完整性评价现场工作。	管道内检测相关知识	设备检查确认表（XG-JCGL-CX-GDXTWZX-11-JL-02）	纸质	—
				(2) 负责组织承包商对管道本体进行检测（内检测）。	《管道完整性评价管理程序》	5.6.3	依据方案确定	1	8年	1. 负责实施所辖区域管道完整性评价现场工作。	管道内检测相关知识	内检测设备调试检查（XG-JCGL-CX-GDXTWZX-11-JL-03）	纸质	—
					《作业前安全分析管理程序》	5.3	业务发生时	据实计算		2. 参与管道内检测工作，对吊装打开管线风险识别，并进行技术交底，对作业人员进行安全培训，并实施过程监督落实相关HSE风险管控措施。	作业前安全分析研判知识	工作前安全分析单（XG-JCGL-CX-YQCY-19-JL-01）	纸质	—
					《作业许可管理程序》	5.5	业务发生时	据实计算			作业许可管理知识	作业许可证（XG-JCGL-CX-QHSE-29-JL-07）	纸质	—
					《能量隔离管理程序》	4.3	业务发生时	据实计算			能量隔离管理知识	能量隔离清单（XG-JCGL-CX-GDXTWZX-24-JL-01）	纸质	—
					《锁定管理程序》	4.3	业务发生时	据实计算			锁定安全管理知识	锁具管理台账（XG-JCGL-CX-GDXTWZX-29-JL-01）	纸质	—
					《吊装作业安全操作规程》	4.3	业务发生时	据实计算			吊装作业安全操作知识	吊装作业许可证（XG-JCGL-CX-QC-AQ-005-JL-01）	纸质	—
					《管线打开作业操作规程》	4.1	业务发生时	据实计算			管线打开作业管理及承包商管理知识	管线打开作业许可证（XG-JCGL-CX-YQCY-17-JL-01）	纸质	—

续表

业务							职责描述	能力要求	记录表单	纸质/电子	保存期限
4 运行与控制	4.4 油气储运设施管理	4.2.2 管道线路管理（管道本体）	(2) 负责组织承包商对管道本体进行检验检测（内检测）。	《管线打开操作规程》	4.1	业务发生时	据实计算	2. 参与管道内检测工作，对吊装作业、管线打开风险能进行技术交底，对作业人员进行安全培训，并实施过程监督落实相关HSE风险管控措施。	作业前安全风险研判分析 作业许可管理知识 能量隔离管理知识 吊装作业安全知识 管线打开操作承包商管理知识	管线打开作业交接确认表（XG-JCGL-CX-YQCY-17-JL-02）	纸质	—
				《承包商安全监督管理程序》	5.5	业务发生时	据实计算			承包商施工作业过程检查表（XG-JCGL-CX-CBS-02-JL-02）	纸质	—
		(3) 负责组织承包商对管道本体进行检验检测（外检测）。	《管道防腐管理程序》	5.5.1.6	依据方案确定	1	3 年	1. 负责实施所辖区域管道完整性评价现场工作。	管道外检测相关知识	基于外检测结果开挖修复情况信息表（XG-JCGL-CX-GDXTWZX-16-JL-09）	纸质	—
			《作业前安全分析管理程序》	5.3	业务发生时	据实计算		2. 参与检测工作，对挖掘作业、动火作业、临时用电、进人受限空间作业进行技术交底，对作业人员进行安全培训，并实施过程监督落实相关HSE风险管控措施。	作业前安全风险研判分析 作业许可管理知识 安全挖掘作业知识 进入受限空间作业知识	工作前安全分析表（XG-JCGL-CX-YQCY-19-JL-01）	纸质	—
			《作业许可管理程序》	5.5	业务发生时	据实计算			作业许可证（XG-JCGL-CX-QHSE-29-JL-07）	纸质	—

— 152 —

附录B ××作业区管道岗 HSE 责任清单模板

续表

业务HSE风险职责	4 运行与控制	4.4 油气储运设施管理	4.2.2 管道线路管理（管道本体）	(3)负责组织承包商对管道本体进行检验检测（外检测）。	《挖掘作业安全操作规程》	4.7	业务发生时	据实计算		安全管理知识 动火作业安全管理知识 临时用电管理知识 承包商管理知识	挖掘作业许可证（XG-JCGL-AQ-005-JL-02）	纸质	—
					《进入受限空间作业安全操作规程》	4.3	业务发生时	据实计算			进入受限空间作业许可证（XG-JCGL-AQ-004-JL-05）	纸质	—
					《动火作业安全管理程序》	4.6	业务发生时	据实计算	2.参与检测工作，对挖掘作业、进入受限空间作业、临时用电作业、动火作业进行风险识别，对技术交底、作业人员培训、安全实施落实过程监督并实施相关HSE风险管控措施。	作业前安全风险研判知识 挖掘作业安全管理知识 进入受限空间作业安全管理知识 动火作业安全管理知识 临时用电管理知识 承包商管理知识	动火作业许可证（XG-JCGL-CX-QHSE-30-JL-01）	纸质	—
					《临时用电技术管理规程》	4.4	业务发生时	据实计算			临时用电许可证（XG-JCGL-DQ-020-JL-01）	纸质	—
业务HSE风险职责	4 运行与控制	4.4 油气储运设施管理	4.2.2 管道线路管理（管道本体）	(3)负责组织承包商对管道本体进行检验检测（外检测）。	《承包商安全监督管理程序》	5.5	业务发生时	据实计算			承包商施工作业过程监督检查表（XG-JCGL-CX-CBS-02-JL-02）	纸质	—

— 153 —

续表

业务HSE风险职责								
4 运行与控制	4.4 油气储运设施管理	4.2.2 管道线路管理（管道本体）	(4) 负责辖区内管道维修。	《管道本体维护管理程序》	5.1.1.5	业务发生时	据实计算	1. 按照检验检测结果，参与管道维护维修工作，对挖掘作业、动火作业、进入受限空间作业、临时用电进行风险识别，并进行技术交底，对作业人员进行安全培训，并实施监督落实相关HSE风险管控措施。	内、外检测数据解读	管体缺陷与修复记录表（XG-JCGL-CX-GDXTWZX-15-JL-03）	纸质	—
				《作业前安全分析管理程序》	5.3	业务发生时	据实计算		作业前安全分析风险研判知识	工作前安全分析表（XG-JCGL-CX-YQCY-19-JL-01）	纸质	—
									作业许可安全管理知识挖掘作业安全知识	作业许可证（XG-JCGL-CX-QHSE-29-JL-07）	纸质	—
				《作业许可管理程序》	5.5	业务发生时	据实计算		动火作业安全管理知识进入受限空间作业安全管理知识临时用电管理知识承包商管理知识	射线作业许可证（XG-JCGL-CX-QHSE-29-JL-02）	纸质	—
				《挖掘作业安全操作规程》	5.1.4	业务发生时	据实计算					
					4.7	业务发生时	据实计算			挖掘作业许可证（XG-JCGL-GC-AQ-005-JL-02）	纸质	—

附录 B ××作业区管道岗 HSE 责任清单模板

续表

业务HSE风险职责	4 运行与控制	4.4 油气储运设施管理	4.2.2 管道线路管理（管道本体）	（3）负责组织承包商对管道本体进行检验检测（外检测）。	4.3	业务发生时	据实计算	进入受限空间作业许可证（XG-JCGL-GC-AQ-004-JL-05）	纸质	—
				《动火作业安全管理程序》	4.6	业务发生时	据实计算	动火作业许可证（XG-JCGL-CX-QHSE-30-JL-01）	纸质	—
				《临时用电技术管理规程》	4.4	业务发生时	据实计算	临时用电许可证（XG-JCGL-GC-DQ-020-JL-01）	纸质	—
				（4）负责辖区内管道维护维修。	5.5	业务发生时	据实计算	承包商施工作业过程中监督检查表（XG-JCGL-CX-CBS-02-JL-02）	纸质	—

— 155 —

续表

业务			HSE风险职责		对应程序		对应活动编号	频次	工作量	工作内容	相关知识	记录表单	载体	记录存放
4 运行与控制	4.4 油气储运设施管理		(5) 负责对所辖管道等永久性变更进行控制。		《工艺和设备变更管理程序》		4.6.1	变更发生时	据实计算	1. 确认变更影响因素、范围等情况，开展风险分析。		日常学习记录表（XG-JCGL-CX-RLZY-26-JL-09）	电子	设备设施管理系统
							4.6.4	变更发生时	据实计算	2. 按分类做好变更实施、验证、关闭。	变更管理知识	工艺和设备永久变更申请表（XG-JCGL-CX-YQCY-02-JL-01）	电子	设备设施管理系统
							4.6.5	变更发生时	据实计算	3. 完善变更资料，组织实施变更的培训。		日常学习记录表（XG-JCGL-CX-RLZY-26-JL-09）	纸质	—
		4.4.2 管道线路管理（管道附属设施管理）	(1) 负责辖区管道设施数据采集。		《管道附属设施管理程序》		5.1.5	5/10 30 2 年		1. 收集整理所辖管道附属设施资料，包含但不限于管道埋深、三桩、水工。	管道线路数据采集知识	管道线路地面标识设置信息统计表（XG-JCGL-CX-GDXTWZX-17-JL-01）	电子	—

— 156 —

附录B ××作业区管道岗HSE责任清单模板

续表

业务HSE风险职责	4 运行与控制	4.4 油气储运设施管理	4.4 油气储运设施管理	(1)负责辖区管道设施数据采集。	《管道附属设施管理程序》	5.1.5	9	20	1	年	1.收集整理所辖管道附属设施资料，包含但不限于管道埋深、三桩、水工。	管道线路数据采集知识	管道已建水工保护设施登记表（XG-JCGL-CX-GDXTWZX-17-JL-02）	电子	—
							—	25	1	月			管道地质灾害系统监测设施信息台账（XG-JCGL-CX-GDXTWZX-17-JL-08）	电子	—
							10	25	1	年			管道线路埋深实测信息台账（XG-JCGL-CX-GDXTWZX-17-JL-09）	电子	—
				(2)负责辖区管道设施维护、维修。	《管道附属设施管理程序》	5.1	—	25	1	月	1.开展设施的检查、检测和维护工作。	管道保护工证、低压电工证	管道附属设施维护月报（XG-JCGL-CX-GDXTWZX-17-JL-13）	电子	—
					《作业前安全分析管理程序》	5.3	业务发生时	据实计算			2.按照计划，对水工、三桩、阴电位、路仪等设施维护、保养，进行管道附属设施对挖漏作业，进入	作业前安全分析风险研判安全作业许可知识	工作前安全分析表（XG-JCGL-CX-YQCY-19-JL-01）	纸质	—
					《作业许可管理程序》	5.5	业务发生时	据实计算				作业许可管理知识	作业许可证（XG-JCGL-CX-QHSE-29-JL-07）	纸质	—

续表

业务HSE风险职责	4 运行与控制	4.4 油气储运设施管理	4.4 油气储运设施管理	(2) 负责辖区管道附属设施维护、维修。	《挖掘作业安全操作规程》	4.7	业务发生时	据实计算	受限空间作业、临时用电进行风险识别,并进行技术交底,对作业人员进行安全培训,并实施过程监督落实相关HSE风险管控措施。	挖掘作业安全知识 进入受限空间作业管理知识 临时用电管理知识 承包商管理知识	挖掘作业许可证(XG-JCGL-AQ-005-JL-02)	纸质	—
					《进入受限空间作业安全操作规程》	4.3	业务发生时	据实计算		进入受限空间作业管理知识	进入受限空间作业许可证(XG-JCGL-AQ-004-JL-05)	纸质	—
					《临时用电技术管理规程》	4.4	业务发生时	据实计算	2. 按照计划,对水工、三桩、伴行路、桩位仪等管道附属设施进行维修保养,对挖掘作业,进入受限空间作业,临时用电进行风险识别,进行技术交底,对作业人员安全培训,并实施过程督实相关HSE风险管控措施。	作业前安全分析 风险研判安全作业许可证管理知识 挖掘作业安全知识 进入受限空间作业管理知识 临时用电管理知识	临时用电许可证(XG-JCGL-DQ-020-JL-01)	纸质	—
					《承包商安全监督管理程序》	5.5	业务发生时	据实计算		承包商管理知识	承包商施工作业过程中监督检查表(XG-JCGL-CX-CBS-02-JL-02)	纸质	—

附录 B ××作业区管道岗 HSE 责任清单模板

续表

业务 HSE 风险职责									
4 运行与控制	4.4 油气储运设施管理	4.4 油气储运设施管理	(3) 负责对管道附属设施临时性变更、永久性变更进行控制。	《工艺和设备变更管理程序》	4.6.1	变更发生时	据实计算	1. 确认变更类型、影响因素、范围等情况开展风险分析。		日常学习记录表(XG-JCGL-CX-RLZY-26-JL-09)	电子	设备设施管理系统
					4.6.4	变更发生时	据实计算	2. 按分类做好变更实施、验证、关闭。	变更管理知识	工艺和设备永久变更申请表(XG-JCGL-CX-YQCY-02-JL-01)	电子	设备设施管理系统
					4.6.5	变更发生时	据实计算	3. 完善变更资料,组织实施变更的培训。		日常学习记录表(XG-JCGL-CX-RLZY-26-JL-09)	电子	—
		4.4.2 管道线路管理(管道巡护管理)	(1) 负责对辖区线路、阀室管道巡护管理。	《管道保卫管理程序》	5.6	1/3/5/6/9/12	20	年	1. 开展入户宣传,内容包括但不限于防占压、防工破坏、防打孔盗油,建立户主和三机等信息台账。	管道保卫管理知识	管道周边人口环境数据台账(XG-JCGL-CX-GDXTWZX-14-JL-02)	纸质	—
				《管道线路第三方施工管理程序》	5.2	业务发生时	据实计算	2. 收集第三方施工信息,快速评估风险等级,落实现场监护 HSE 职责。		管道线路第三方施工信息核实记录(XG-JCGL-CX-GDXTWZX-23-JL-01)	电子	—

续表

业务HSE风险职责									
4 运行与控制	4.4 油气储运设施管理	4.4.2 管道线路管理（管道巡护管理）	（1）负责对辖区线路、阀室管道巡护管理。	《管道巡护管理程序》	5.3.4	巡护时	2	日	3. 增设巡护关键点位，加密点巡护，防打孔盗油。	管道保卫管理知识	管道区（段）长工作记录（XG-JCGL-CX-GDXTWZX-21-JL-05）	电子	—
				《管道巡护管理程序》	5.1.4	3/6/9/12	15	1	季	4. 走访当地政府部门，建立长效企地联动机制。	管道保卫管理知识	走访回执单	纸质	—
				《管道地质灾害防治管理程序》	5.2	4/10	25	2	年	5. 识别地质灾害风险，参与评价风险及风险削减管理工作。	管道线路数据收集和处理能力	管道地质灾害风险专用调查表（XG-JCGL-CX-GDXTWZX-18-JL-05）	电子	—
					5.4	业务发生时	据实计算			6. 负责地质灾害防治工工程现场监护。		现场监护日志	电子	—
				《管道地质灾害防治管理程序》	5.5	10	20	1	年	7. 更新完善地质灾害数据库台账，录入管道完整性系统。	防汛地灾相关知识	管道沿线周边地震活动断裂带信息台账（XG-JCGL-CX-GDXTWZX-18-JL-02）	电子	—

附录B ××作业区管道岗 HSE 责任清单模板

续表

业务			HSE风险职责							
4 运行与控制	4.4 油气储运设施管理	4.4.2 管道线路管理（管道巡护管理）	(1) 负责辖区线路、阀室管道巡护管理。	《管道防汛程序》	5.2.2	4/10	25	2	年	8. 对所消耗的应急物资、工器具上报物资系统。开展防汛演练。与辖区内气象、水利、交通管理部门建立沟通和协调机制，建立地方灾害管理数据库。	管道线路风险辨识能力和应急处置能力	《防汛应急物资台账》（XG-JCGL-CX-GDXTWZX-19-JL-03）	电子	—
				《管道防汛程序》	5.2.3	4	25	1	年			管道沿线防汛、河道、水库等地方门/单位联系登记表（XG-JCGL-CX-GDXTWZX-19-JL-03）	电子	—
				《管道防汛程序》	5.2.4	4	25	1	年			应急演练评估表（XG-JCGL-CX-QHSE-26-JL-03）	纸质	—
				《承包商安全监督管理程序》	5.5	—	15	1	月	9. 开展辖区巡护人员日常检查、培训和考核工作。	承包商管理知识	承包商施工作业过程中监督检查表（XG-JCGL-CX-CBS-02-JL-02）	纸质	—
			(2) 负责辖区内管道高后果区识别与管控工作。	《高后果区管理程序》	5.2	4	25	1	年	1. 采集管道线路数据，识别并划分高后果区等级。	高后果区识别准则	高后果区识别记录表（XG-JCGL-CX-GDXTWZX-12-JL-01）	电子	—
					5.3.2	4	25	1	年	2. 编制"一区一案"。 3. 设立高后果区风险告知牌，组织人员疏散演练。	管道线路风险辨识能力和应急处置能力	高后果区风险管控方案	纸质	—

续表

业务HSE风险职责				依据文件		频次	周期	工作内容	风险管控培训	记录	载体	备注
4 运行与控制	4.4 油气储运设施运行管理	4.4.2 管道线路管理（管道巡护管理）	(3) 负责辖区管道线路、站场腐蚀防护管理。	《管道防腐管理程序》	5.7	5	20	1 年	1. 收集所辖管道及站场防腐资料，包括但不限于设计文件、图纸、合格证、设备采集、电位采集，对电位不达标管段落实HSE整改措施。	低压电工操作证、管道防腐相关知识	线路电位检测统计表	电子	—
				《管道防腐管理程序》	5.2	巡检时		1	2. 对所辖管道阴极保护系统及附属设施进行日常运行、检查、养护、故障排除，防止触电等风险，落实相关HSE风险管控措施。	(CPL资质证书) 注：非管方组织培训	管道防腐层检漏结果统计表 (XG-JCGL-CX-GDXTWZX-16-JL-01)	电子	—
											管道防腐层日常运行记录 (XG-JCGL-CX-GDXTWZX-16-JL-02)	电子	—
				《临时用电技术管理规程》	4.4	业务发生时	据实计算				临时用电许可证 (XG-JCGL-GC-DQ-020-JL-01)	纸质	—
	4.7 隐患管理	4.7.1 隐患排查	(1) 负责线路巡检，发现隐患或者其他不安全因素，立即报告。	《生产安全事件管理程序》	5.1.6	巡检时		1	1. 开展巡检，及时发现并报告隐患。		区长巡检记录	纸质	—
		4.7.2 隐患评估			5.3			日		双重预防机制建设知识、隐患判定标准和隐患治理知识	隐患台账 (XG-JCGL-CX-QHSE-11-JL-06)	纸质	—

附录 B ××作业区管道岗 HSE 责任清单模板

续表

业务 HSE 风险职责										
4 运行与控制	4.7 隐患管理	4.7.3 隐患管控与治理		5.4	隐患发生时	据实计算	2. 对排查发现的岗位隐患问题制定预防和整改措施，参与隐患治理工作。	双重预防机制建设知识隐患判定标准和隐患治理知识	隐患台账（XG-JCGL-CX-QHSE-11-JL-06）	纸质	—
4 运行与控制	4.12 安保管理	4.12.1 治安保卫管理	《管道保卫管理程序》	5.4	3/6/9/12	25	1	季	1. 负责辖区保安人员的培训，安保防范提示。	安保知识	日常学习记录表（XG-JCGL-CX-RLZY-26-JL-09）	纸质	—
					5/12	25	2	年	2. 配备防卫器具，建立台账。		安保设备台账（XG-JCGL-CX-GDXTWZX-22-JL-01）	纸质	—
				5.5	—	25	1	月	1. 组织开展安保质量月度总结会。	承包商管理知识	作业区（站、队）会议记录（XG-JCGL-CX-XZBG-02-JL-05）	纸质	—
									2. 对安保巡护质量进行考核。		西部管道公司安防管理量化考核评分表	纸质	—

— 163 —

续表

业务	4 运行与控制	4.12 安全保管理	4.12.2 反恐怖防范	(2) 制止和防范辖区站场和线路发生恐怖事件。	《管道保卫管理程序》	5.2	巡检时	1	日	1. 结合现状和安保工作采取人防、物防、技防措施对管道反恐维稳工作相关HSE风险管控措施。	反恐维稳应急处置能力	—	—	—

HSE承诺：

本人承诺贯彻执行国家、集团公司和公司安全生产法令、规定、指示和规章制度，对本岗位业务范围内的安全管理负责，严格遵守集团公司"十大禁令"，坚决杜绝"三违"；自愿接受安全检查与监督考核，绝不弄虚作假，参与安全检查，及时如实上报事故事件；如有违反，按照考核标准、责任书和相关规定考核；发生生产安全事故，失职照单追责。

承诺人：